# 이제
## 영어 못하는 건
# 지겨워 기초 영어 스타트

# 이제 영어 못하는 건 지겨워
## 기초 영어 스타트 웜업

**저 자** 김나래 / **그림** 원자영
**발행인** 고본화
**발 행** 반석출판사
2024년 8월 10일 초판 1쇄 인쇄
2024년 8월 15일 초판 1쇄 발행
**홈페이지** www.bansok.co.kr
**이메일** bansok@bansok.co.kr
**블로그** blog.naver.com/bansokbooks

07547 서울시 강서구 양천로 583. B동 1007호
      (서울시 강서구 염창동 240-21번지 우림블루나인 비즈니스센터 B동 1007호)
**대표전화** 02) 2093-3399 **팩 스** 02) 2093-3393
**출 판 부** 02) 2093-3395 **영업부** 02) 2093-3396
**등록번호** 제315-2008-000033호

ISBN 978-89-7172-993-9 (13740)

# 이제
# 영어 못하는 건
# 지겨워 기초 영어 웜업 스타트

반석출판사

## ◎ 머리말 ◎

안녕하세요, 독자 여러분.

이 교재를 통해 여러분과 함께 영어를 학습할 수 있어 매우 기쁩니다. 영어는 이제 우리 일상에서 빼놓을 수 없는 중요한 도구가 되었습니다. 그러나 처음 시작하는 분들께는 그 길이 막막하고 어렵게 느껴질 수 있습니다.

저는 10년 넘게 초등학생부터 성인까지 다양한 연령대의 학생들에게 영어를 가르쳐 왔습니다. 이 경험을 통해 저는 학습자들의 어려움을 깊이 이해하게 되었고, 어려운 부분을 최대한 쉽게 설명하려는 노력을 기울여 왔습니다. 많은 분들이 저와 함께 공부한 후 영어에 자신감을 갖게 되었고, 실제로 영어로 소통하는 능력을 크게 향상시켰다는 후기를 많이 받았습니다. 이러한 경험을 바탕으로, 저의 노하우를 더 많은 사람들과 나누고자 하는 마음으로 이 교재를 집필하게 되었습니다. 그래서 독자분들이 보다 쉽게, 그리고 효과적으로 영어를 배울 수 있도록 나선형 학습방법을 적용한 교재를 준비했습니다.

나선형 학습방법은 기초적인 개념을 먼저 배우고, 이를 반복하면서 점차 심화된 내용을 학습하는 방식입니다. 처음에는 간단한 표현과 문법을 배우고, 이를 바탕으로 차츰 더 복잡한 문장과 구조로 나아가게 됩니다. 이렇게 하면 배운 내용을 잊지 않고 자연스럽게 익힐 수 있으며, 새로운 내용을 접할 때마다 이전에 배운 것들이 든든한 기초가 되어 줄 것입니다.

이 교재는 실생활에서 바로 사용할 수 있는 실용적인 영어 표현과 예문으로 구성되어 있습니다. 각 단원마다 다양한 연습 문제와 복습 코너를 마련해 학습한 내용을 확실히 다질 수 있도록 했습니다. 또한, 실제 대화 상황을 통해 영어를 자연스럽게 사용할 수 있도록 도와줍니다.

영어를 배우는 과정은 단순히 언어를 익히는 것을 넘어 새로운 세계를 만나는 기회입니다. 여러분이 이 교재를 통해 영어를 배우며 자신감을 얻고, 새로운 도전과 기회를 맞이할 수 있기를 바랍니다. 영어 학습의 길에 들어선 여러분을 진심으로 응원하며, 이 교재가 든든한 동반자가 되기를 바랍니다.

이제 첫 장을 넘겨, 영어 학습의 새로운 장을 시작해 봅시다. 여러분의 노력과 열정이 결실을 맺는 그 날까지, 이.영.지는 언제나 여러분과 함께할 것입니다.

감사합니다.

저자 김나래

# ◎ 이 책의 특징 ◎

본 책은 총 17개의 CHAPTER로 구성되어 있으며, 각 CHAPTER는 해당 주제에 관한 문법설명, 단어제시, 문장연습 등으로 나뉘어져 있습니다. 또한, 5-7개의 CHAPTER 학습이 끝나면, SPIRAL REVIEW를 통해 나선형 학습이 가능하도록 구성되어 있습니다. 이를 통해 독자분들은 중요한 개념을 반복하여 학습하고, 이해도를 깊게 만들 수 있습니다. 마지막으로, 책의 끝에서는 대화연습을 통해 학습했던 내용들을 실생활 상황과 뉘앙스에 맞추어 다시 한 번 반복하며, 이전 학습 내용을 정리하고 다음 학습 단계로 나아가도록 도와줍니다.

## 문법설명

본 책의 핵심인 영어 문법을 쉽고 재미있게 이해할 수 있도록 구성하였으며 QR코드에 링크된 유튜브 강의와 함께 학습할 수 있도록 하였습니다.

## 단어제시

기초 영어를 학습하기 위해 반드시 알아야 하는 단어들로 구성되어 있습니다. 이러한 단어들은 자연스럽게 반복되어 익숙해지며, 독자들은 새로운 단어뿐만 아니라 이전에 학습한 단어들도 꾸준히 학습할 수 있습니다.

## 문장연습

독자들이 새로운 단어를 활용하여 영작을 할 수 있도록 도와줍니다. 강의를 들은 후 챕터의 내용이 이해가 되셨다면 연습문제를 풀어보세요. 이때 문제의 답안을 쓰지 마시고 직접 말을 내뱉으며 답안을 녹음을 해주세요. 녹음한 답변을 들으면서 답지를 보고 정답을 맞춰보세요. 틀린 부분이 있다면 다시 공부하고 녹음해 보세요. 이를 통해 이전 학습 내용과 새로운 내용을 연계하여 학습의 전반적인 이해도를 높일 수 있습니다. 문장을 만들 때 'Tips'를 통해 독자가 확장된 문장을 만들 수 있도록 하였습니다.

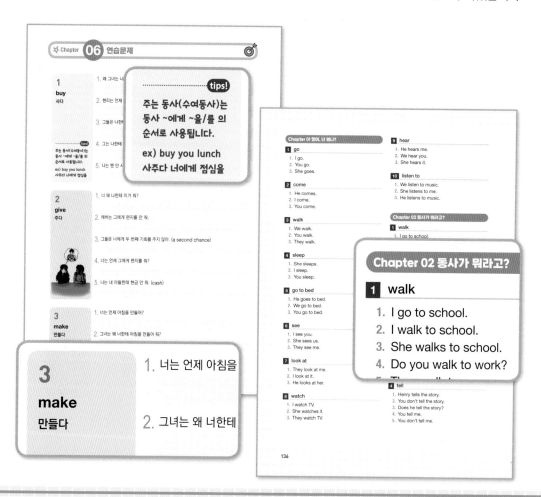

## SPIRAL REVIEW

중요한 개념을 반복하여 학습하고, 나선형 학습을 통해 점진적으로 심화된 학습을 이어가도록 도와줍니다. 이를 통해 학습한 내용이 오래 기억에 남고, 이해가 더욱 깊어지도록 구성하였습니다.

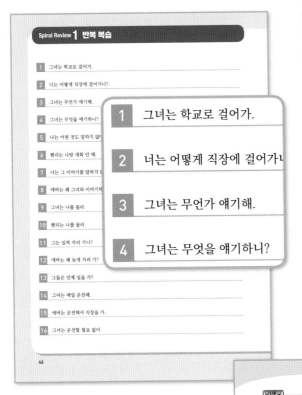

### Spiral Review 1 반복 복습

1  그녀는 학교로 걸어가.
2  너는 어떻게 직장에 걸어가니?
3  그녀는 무언가 얘기해.
4  그녀는 무엇을 얘기하니?
5  나는 어떤 것도 말하지 않아.
6  헨리는 나랑 대화 안 해.
7  너는 그 이야기를 말하지 않아.
8  에바는 왜 그녀와 이야기해.
9  그녀는 나를 몰라.
10  헨리는 나를 몰라.
11  그는 일찍 자러 가니?
12  에바는 왜 늦게 자러 가?
13  그들은 언제 일을 가?
14  그녀는 매일 운전해.
15  에바는 운전해서 직장을 가.
16  그녀는 운전할 필요 없어.

46

1  그녀는 학교로 걸어가.

2  너는 어떻게 직장에 걸어가니

3  그녀는 무언가 얘기해.

4  그녀는 무엇을 얘기하니?

## 대화연습

독자들이 학습한 내용을 실생활에 적용할 수 있도록 도와줍니다. 다양한 상황을 통해 학습 내용을 응용할 수 있도록 하며, 이를 통해 이전 학습을 정리하고 다음 학습으로 나아갈 수 있도록 돕습니다. 기억해 주세요! 우리는 영어 쓰기보다 말하기를 공부하는 중이라는 거. 손으로 쓰는 연습보다는 입으로 말하는 연습에 집중해 주세요!

### Unit 21

A 에바랑 나랑 이번 주말에 놀
B 너희 어디서 놀 거야?
A 우리 집에서 영화 볼 거야.
B 나 가도 돼?

#### Unit 21

A 에바랑 나랑 이번 주
B 너희 어디서 놀 거야
A 우리 집에서 영화
B 나 가도 돼?
A 너 와도 돼. 팝콘 좀 가져와. (some popcorn)
B 마실 것도 필요하니? (drinks)

#### Unit 22

A 우리 종이 사야 해요.
B 누가 지불할 건가요? 저는 지불할 수 없어요.
A 제가 낼게요.
B 우리 펜도 사야 하나요?
A 네, 우리 매일 펜을 사용하잖아요.
B 언제 문방구로 가고 싶으세요?
(a stationery store)

| Unit 21 | Unit 22 |
|---|---|
| A Eva and I will hang out this weekend. | A We have to buy paper. |
| B Where will you hang out? | B Who will pay? I can't pay. |
| A We will watch a movie at home. | A I will pay. |
| B Can I come? | B Do we need to buy pens too? |
| A You can come. Bring some popcorn. | A Yes, we use pens everyday. |
| B Do you need drinks too? | B When do you want to go to a stationery store? |

130

# ◎ 목차 ◎

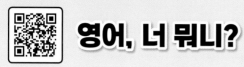

### Unit 1 영어는 순서가 매우 매우 중요한 말

영어는 순서가 매우 중요한 말이에요. 주인공 + 동작 + 대상의 순서로 문장이 구성됩니다. 한국어를 한 번 살펴볼까요?

"나는 너를 사랑해." 이 문장에서 주인공인 "나"는 대상인 "너"를 사랑한다고 말하고 있습니다.

이 문장은 어떨까요? "너를, 나는 사랑해." 이 문장도 순서가 바뀌었음에도 불구하고 주인공은 "나"이고 사랑하는 대상은 "너"입니다.

마지막 이 문장도 살펴볼게요. "사랑해! 나는, 너를." 사랑해가 먼저 나오긴 했지만 여전히 주인공은 "나"이고 대상은 "너"입니다.

한국어는 순서가 바뀌어도 주인공과 대상 그리고 동작의 의미는 변하지 않아요!

이제 영어를 한번 살펴볼까요?

"I love you." 이 문장은 주인공인 "I"가 대상인 "you"를 사랑한다고 말하고 있습니다. 이 문장은 주인공 + 동작 + 대상의 순서로 돼 있기 때문에 맞는 문장입니다.

다음 문장을 살펴볼까요? "You love I." 이 문장은 순서가 바뀌었기 때문에 주인공이 "you"가 됩니다. 이때 대상은 "I"가 되는데 대상의 자리에는 주인공의 모양인 "I"가 들어올 수 없기 때문에 이 문장은 틀린 문장입니다. 마지막 문장을 한번 볼까요?

"Love you I." 이 문장도 주인공 자리에 동작이 들어왔기 때문에 틀린 문장이 됩니다.

한국어는 순서가 달라져도 주인공과 대상이 달라지지 않지만 영어는 순서가 달라지면 말이 아예 안 돼요!

## Unit 2   일반동사 현재

1. 일반동사는 행동을 나타낼 때 사용합니다. ~다 혹은 ~하다 로 해석합니다.

2. 일반동사의 현재형은 ⓐ 현재 하고 있는 일 ⓑ 평소 습관이나 버릇 ⓒ 과학적인 사실 ⓓ 가까운 미래를 나타낼 때 사용합니다.

3. 나(I), 그리고 내가 포함되어 있는 우리(we)는 1인칭입니다. 너(you)와 너희들(you)는 2인칭입니다. 나와 너를 제외한 나머지는 전부 3인칭입니다. 그녀(she) 그(he) 그들(the) 그것(it) 그리고 우리 엄마(my mom), 그 선생님들(the teachers) 등등 "나"와 "너"가 아니면 전부 3인칭이에요. 여기서 단수(한 명)일 때

주인공(주어)가 3인칭 단수(한 명)일 때는 동사 뒤에 -s나 -es를 붙입니다.

★ 여기서 es는 언제 붙일까요?

새우피자를 시켜볼게요!

피자는 동그라니까 O 우리 나눠 먹을 거니까 쪼개야겠죠. X 그리고 새우 피자니까 새우 한 마리 S, 새우 두 마리 SS, 새우는 영어로 Sh, 그리고 피자 위에 올라가는 쫀득한 Ch까지...

o,x,s,ss,sh,ch로 끝나는 단어 뒤에는 es를 붙여줍니다! 이것은 명사의 복수형을 만들 때도 피자판의 법칙을 사용하시면 돼요!

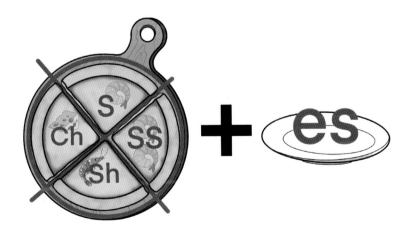

**1**

**go**
가다
(둘 다 그곳에
없을 때)

1. 나는 간다.

2. 너는 간다.

3. 그녀는 간다.

**2**

**come**
오다 (둘 중의
하나가 그곳에 있을
때)

1. 그는 온다.

2. 나는 온다.

3. 너는 온다.

**3**

**walk**
걷다

1. 우리는 걷는다.

2. 너는 걷는다.

3. 그들은 걷는다.

**4**

**sleep**
자다

1. 그녀는 잔다.

2. 나는 잔다.

3. 너는 잔다.

**5**

**go to bed**
자러 가다

1. 그는 자러 간다.

2. 우리는 자러 간다.

3. 너는 자러 간다.

**6**

**see**
(그냥) 보다 /
눈이 있어서 보다

1. 나는 너를 본다.

2. 그녀는 우리를 본다.

3. 그들은 나를 본다.

**7**

**look at**
바라보다

1. 그들은 나를 바라본다.

2. 나는 그것을 바라본다.

3. 그는 그녀를 바라본다.

**8**

**watch**
보다 (의지 ○ /
콘텐츠 ○)

1. 나는 TV를 본다.

2. 그녀는 그것을 본다.

3. 그들은 TV를 본다.

## 9

**hear**

(그냥) 듣다 /
귀가 있어서 들린다

1. 그는 나를 듣는다.

2. 우리는 너를 듣는다.

3. 그녀는 그것을 듣는다.

## 10

**listen to**

~을 듣다 (의지 ○
/ 콘텐츠 ○)

1. 우리는 음악을 듣는다.

2. 그녀는 나를 경청한다.

3. 그는 음악을 듣는다.

# 동사가 뭐라고?

**Unit 1** **동작 = 동사**

동사는 세 가지 종류가 있습니다.

ⓐ be동사 : am, are, is ▸ was, were ▸ be / been

ⓑ 조동사 : 우쿠마 would could might ▸ will can may + should must

ⓒ 일반동사 : be동사와 조동사를 제외한 나머지 모두

1. be동사는 상태를 나타낼 때, ~에 위치할 때, 주인공(주어)의 직업을 나타낼 때도 사용합니다. ~에 있다, 혹은 ~이다 로 해석합니다.

2. 조동사란 '도울 조(助)'자를 써서 만들어진 동사입니다. 원래 동사에 조동사를 붙이면 동사를 도와 의미를 확장해주는 역할을 해요.

| |
|---|
| She runs. : 그녀는 달린다. |
| She will run. : 그녀는 달릴 예정이다. (미래) |
| She can run. : 그녀는 달릴 수 있다. (능력) |
| She should run. : 그녀는 달리는 게 좋겠다. (제안) |
| She must run. : 그녀는 달려야 한다. (의무) |

위의 예시처럼 원래 동사의 의미를 더해주는 역할을 합니다.

조동사는 주어와 상관없이 원형을 사용하고 조동사 뒤에는 동사원형이 나옵니다.

3. 일반동사는 be동사와 조동사를 제외한 나머지 동사를 이야기합니다.

## Unit 2　인칭대명사 표

　영어는 위치가 중요한 말이기 때문에 위치에 따라 이름의 모양이 바뀝니다. 아래의 표를 반드시 암기해 주세요!

| | | 주격 | | 소유격 | | 목적격 | | 소유대명사 | |
|---|---|---|---|---|---|---|---|---|---|
| | | (은/는/이/가) | | (~의) | | (~을/를) | | (~의 것) | |
| 단수 | 1인칭 | I | 나는 | my | 나의 | me | 나를 | mine | 나의 것 |
| | 2인칭 | you | 너는 | your | 너의 | you | 너를 | yours | 너의 것 |
| | 3인칭 | he | 그는 | his | 그의 | him | 그를 | his | 그의 것 |
| | | she | 그녀는 | her | 그녀의 | her | 그녀를 | hers | 그녀의 것 |
| | | it | 그것은 | its | 그것의 | it | 그것을 | x | 없음 |
| 복수 | 1인칭 | we | 우리들은 | our | 우리들의 | us | 우리들을 | ours | 우리들의 것 |
| | 2인칭 | you | 너희들은 | your | 너희들의 | you | 너희들을 | yours | 너희들의 것 |
| | 3인칭 | they | 그들은<br>그것들은 | their | 그들의<br>그것들의 | them | 그들을<br>그것들을 | theirs | 그들의 것 |

　1. 부정문을 만들 때에는 주인공(주어)와 동작(동사) 사이에 숨어있는 두더지(do/does) 뒤에 not을 붙여서 만듭니다. 부정문을 만들고 난 뒤, 뒤에 나오는 동사를 원래 형태(원형)으로 만들어 주면 돼요!

　do는 1인칭, 2인칭, 3인칭 복수에 사용합니다.

　does는 3인칭 단수에 사용합니다.

　2. 의문문을 만들 때에는 주인공(주어)에 맞추어 숨어있는 두더지(do/does)를 문장 맨 앞에 꺼낸 뒤 의문문 역시 뒤에 있는 동사를 원래 형태(원형)으로 만들어 주는 것을 잊지 마세요!

3. 부정의문문을 만들 때는 do/does not을 반드시 줄인 형태로 사용합니다.

| 부정 의문문 |
| --- |
| Don't I |
| Don't we / Don't you / Don't they |
| Doesn't he / Doesn't she / Doesn't it |
| Don't my friends / Don't the teachers... |
| Doesn't my mom / Doesn't the boy |

**1**

**walk**
걷다

1. 나는 학교 가. (go)

2. 나는 학교로 걸어가.

3. 그녀는 학교로 걸어간다.

4. 너는 직장에 걸어가니? (work)

5. 그들은 너한테 걸어와.

6. 리엄은 직장에 걸어가지 않아.

7. 그는 매일 걸어. (everyday)

**2**

**go to bed**
자러 가다

1. 나는 일찍 자러 가지 않아. (early)

2. 너는 일찍 자러 가니?

3. 그녀는 일찍 자러 가지 않아.

4. 우리는 늦게 자러 가. (late)

5. 에바는 늦게 자러 가니?

**3**

**say / say to**

~을 이야기하다 /
~에게 이야기하다
(정보전달)

 **tips!**

긍정문일 때는
some-
부정문이나
의문문일 때는
any-를 사용합니다.

1. 그녀는 무언가 얘기해. (something)

2. 나는 어떤 것도 이야기하지 않아. (anything)

3. 그는 무언가 얘기하니? (anything)

4. 그가 나한테 이야기해.

5. 루시아는 나에게 이야기하지 않아.

---

**4**

**tell**

~을 이야기하다
(정보전달)

1. 헨리는 그 이야기를 말해. (the story)

2. 너는 그 이야기를 말하지 않아.

3. 그는 그 이야기를 말하니?

4. 너는 나한테 말해.

5. 나는 너한테 말하지 않아.

---

**5**

**talk to**

~와 이야기하다,
대화하다

1. 우리는 그녀와 이야기하지 않아.

2. 너는 그녀와 이야기하니?

3. 에바는 그와 이야기하지 않아.

4. 그는 나에게 매일 이야기해. (everyday)

5. 그녀는 너에게 매일 이야기해?

**6**

**see**
(그냥) 보다 /
눈이 있어서 보다

1. 나 너 안 보여.

2. 너 나 보여?

3. 나 뭔가 보여! (something)

4. 너 뭔가 보여? (anything)

5. 나 아무것도 안 보여. (anything)

**7**

**know**
알다

1. 마리아는 너를 알아.

2. 그녀는 나를 몰라.

3. 내가 너를 아니?

4. 그녀가 나를 알아?

5. 리엄은 우리를 몰라.

## 8
**understand**
이해하다

1. 나는 이해가 안 돼.

2. 너 나를 이해하니?

3. 오웬은 이해 못 해.

4. 나는 이것을 이해 못 해.

5. 너희들 나를 이해하니?

## 9
**go**
가다 (둘 다 그곳에 없을 때)

1. 나는 파리로 가. (Paris)

2. 마리아는 파리 안 가.

3. 그는 학교에 가니?

4. 그들은 일을 가. (work)

5. 우리는 일 안 가.

## 10
**drive**
운전하다

1. 너 운전해?

2. 리엄은 운전해서 직장에 가.

3. 그녀는 운전해서 직장에 가?

4. 마리아는 운전해서 학교에 가지 않아.

5. 그녀 운전하니?

## 관사가 중요해?

### Unit 1  관사 (a, an, the)

관사는 명사(이름)이 특정한 것인지 아닌 것인지 나타낼 때 사용합니다.

아래 두 문장을 살펴볼게요.

> Can I have a pen? : 제가 펜 하나 가질 수 있나요?
> Can I have the pen? : 제가 그 펜 가질 수 있나요?

이 두 문장은 의미가 다릅니다!

첫 번째 문장에서 a는 정해지지 않은 것들 중 하나입니다. 즉, 어떤 펜을 주어도 상관이 없어요. 저는 그냥 펜 하나가 필요할 뿐입니다.

두 번째 문장에서 the는 화자(말하는 사람)와 청자(듣는 사람) 모두가 알고 있는 "그" 펜이 됩니다. 예를 들면 화자는 형광펜이 필요하고 청자도 그 펜이 무엇인지 아는 거죠.

the 뒤에는 복수(여러 개)도 올 수 있습니다.

이번엔 강아지를 좋아한다고 말해볼까요?

> 저 강아지 좋아해요.

혹시 "I like dog." 이렇게 말씀 하셨나요? 강아지는 셀 수 있기 때문에 a, the 혹은 -s를 붙이지 않으면 틀려요!

그럼, "I like a dog." 이렇게 말씀하셨나요? 그렇다면 정해지지 않은 강아지 한 마리만 좋아한다는 뜻이에요.

이 문장은 어떨까요? "I like the dog." 이 문장은 "정해진" 강아지 한 마리만 좋아한다는 뜻이에요.

> ✦ I like dogs.

이렇게 이야기해야 나는 강아지(강아지들)를 좋아해. 라는 뜻입니다.

관사는 모음발음 (a,e,i,o,u) 앞에서 각각 an과 the[디]로 바뀐답니다. 이것은 발음을 편하게 하기 위해서 바뀐 것이에요!

**dog**　　**a dog**　　　**the dog**　　　**dogs**

## Unit 2　셀 수 없는 명사

ⓐ 감정 ⓑ 액체/기체 ⓒ 너무 작은 것 (쌀, 소금, 모래, 먼지...) ⓓ 집합 (가구, 음식, 과일, 돈...)
ⓔ 세상에 하나밖에 없는 이름 (이름, 국가, 지명...)


셀 수 없는 명사들은 단위가 필요합니다.

셀 수 없는 명사 앞에는 관사를 붙이지 않아요.

★ 셀 수 없는 명사는 단수 취급을 합니다.


그리고 우리가 일반적으로 하는 식사

breakfast / lunch / dinner에도 관사가 붙지 않아요!

BUT! 특별한 식사에는 관사가 붙습니다.

---

a nice breakfast : 멋진 아침

the company lunch : 회식

the Christmas dinner : 크리스마스 저녁

---

**1**

**like**
좋아하다

1. 나는 강아지 좋아해.

2. 그녀 커피 좋아해?

3. 오웬은 이거 좋아해. (this)

4. 너 영화 좋아해?

5. 에바는 사람 좋아해. (people)

**2**

**need**
필요하다

1. 나 커피 필요해.

2. 그는 니가 필요해.

3. 헨리는 소금이 필요 없어.

4. 너는 컵 하나 필요해?

5. 너 포옹 필요해? (a hug)

**3**

**want**
원하다

1. 그녀는 너를 원해.

2. 우리는 커피를 원하지 않아.

3. 나는 피자를 원하지 않아.

4. 오웬은 여자친구를 원하니?

5. 나는 포옹을 원해.

# 4

## have
### 가지고 있다

tips!
감기는 바이러스의 종류
가 너무 많기 때문에
a cold

독감은 정해진 바이러스
라서 the flu

코로나는 이름이라서 관
사가 붙지 않아요.
COVID / Corona

1. 나 남자친구 있어.

2. 리암 여자친구 있어?

3. 그녀는 감기 안 걸렸어. (a cold)

4. 나는 독감 안 걸렸어. (the flu)

5. 나 코로나 걸렸어.

# 5

## take
### 가져가다, 얻다

tips!
대중교통일 때는 the를
붙입니다.

1. 루시아는 수업을 들어. (a lesson)

2. 주문받으시나요? (an order)

3. 저희는 주문을 받지 않습니다.

4. 나는 버스 타고 학교에 가.

5. 그녀는 지하철 타고 직장으로 가? (the subway)

## 6

**watch**
보다 (의지 O /
콘텐츠 O)

1. 나는 사람들을 봐.

2. 마리아는 TV를 안 봐.

3. 그는 TV를 보니?

4. 그들은 축구경기를 봐. (football)

5. 우리는 축구경기를 보지 않아.

# 주인공이 없다?

## Unit 1 | 비인칭 주어 it

　영어는 주어와 동사가 반드시 있어야 하는 언어입니다. 그래서 심지어 비 온다! 라는 말을 할 때에도 주인공이 필요해요! 그런데 사실 이 문장에서는 주인공이 의미도 없고 가리키는 대상도 없죠. 그래서 우리는 아무 의미 없는 it을 형식적인 주인공으로 씁니다. It rains. 이렇게요! 여기서 it은 그것이라고 해석하지 않아요. 사실은 아예 해석하지 않습니다!

　날짜, 날씨, 시간, 거리, 요일, 계절, 명암, 온도 등을 나타낼 때 비인칭 주어 it을 사용합니다.

　★ 날짜를 이야기할 때는 서수로 일을 나타냅니다. 서수는 목록에서의 위치, 순서를 나타내요. 1은 first, 2는 second, 3은 third로 표현하고 다른 숫자들(0,4,5,6,7,8,9)는 뒤에 -th를 붙여주면 된답니다. 여기서 11, 12, 13은 각각의 수에 해당하는 단어가 있기 때문에 first, second, third로 표현하지 않고 eleventh, twelfth, thirteenth로 표기합니다.

| 숫자 | 기수 | 서수 | 숫자 | 기수 | 서수 |
|---|---|---|---|---|---|
| 1 | one | first | 16 | sixteen | sixteenth |
| 2 | two | second | 17 | seventeen | seventeenth |
| 3 | three | third | 18 | eighteen | eighteenth |
| 4 | four | fourth | 19 | nineteen | nineteenth |
| 5 | five | fifth | 20 | twenty | twentieth |
| 6 | six | sixth | 21 | twenty one | twenty first |
| 7 | seven | seventh | 22 | twenty two | twenty second |
| 8 | eight | eighth | 23 | twenty three | twenty third |
| 9 | nine | ninth | 24 | twenty four | twenty fourth |
| 10 | ten | tenth | 25 | twenty five | twenty fifth |
| 11 | eleven | eleventh | 26 | twenty six | twenty sixth |
| 12 | twelve | twelfth | 27 | twenty seven | twenty seventh |
| 13 | thirteen | thirteenth | 28 | twenty eight | twenty eighth |
| 14 | fourteen | fourteenth | 29 | twenty nine | twenty ninth |
| 15 | fifteen | fifteenth | 30 | thirty | thirtieth |

**1**
**rain**
비가 오다

1. 비와.

2. 비와?

3. 비가 오지 않아.

**2**
**snow**
눈이 오다

1. 눈 와.

2. 눈이 와?

3. 눈이 오지 않아.

**3** 요일
**It is ~**
(Sunday, Monday, Tuesday, Wednesday, Thursday, Friday, Saturday)
---
**tips!**
요일, 날짜, 계절을 말할 때는 It is (=It's ) ~ 로 나타냅니다.

1. 월요일이야.

2. 수요일이야.

3. 목요일이야.

**4** 날짜
**It is ~**

1. 6월 2일이야. (2nd)

2. 7월 11일이야. (11th)

| (January, February, March, April, May, June, July, August, September, October, November, December) | 3. 10월 21일이야. (21st)<br><br>4. 12월 12일이야. (12th)<br><br>5. 크리스마스야. |
|---|---|

| **5** 계절<br>**It is ~**<br>(spring, summer, fall, winter)<br><br> **tips!**<br>be동사가 있는 문장의 의문문은 주인공과 be동사의 순서를 바꿔서 의문문을 만들어요!<br>부정문은 be동사 뒤에 not을 붙여서 만듭니다! | 1. 한국은 여름이야.<br><br>2. 호주는 겨울이니?<br><br>3. 캐나다는 여름이 아니야.<br><br>4. 가을이야. |
|---|---|

| <br>**6**<br><br>**take**<br>시간이 걸리다 | 1. 오래 걸려. (long)<br><br>2. 오래 걸리니?<br><br>3. 거기 가기까지 오래 걸려. (to get there)<br><br>4. 거기 가기까지 오래 안 걸려. |
|---|---|

# 동사 뒤에 to 또는 -ing 아니면 둘 다?

나는 먹는 것을 좋아해. 를 영어로 이야기 해볼까요?

우리는 like도 알고 eat도 아니까, 혹시 I like eat. 이라고 말하셨나요? 안타깝게도 이 문장은 틀립니다.

I like eat. 은 나는 좋아한다. 먹는다. 라는 뜻이에요. 그래서 우리는 "먹는 것을 좋아해"라고 하기 위해서 한국어에도 "먹다"라는 동사 뒤에 "-것"을 붙였죠. 영어에서 이렇게 동사를 "~것"으로 만들어 줄 수 있는 방법은 두 가지 방법이 있어요. to를 앞에 써 주거나 뒤에 -ing를 붙여 주는 거에요.

그런데 동사에 따라 to만 올 수 있거나 -ing만 올 수 있거나 둘 다 올 수 있는 동사들이 있어요!

## Unit 1  to만 올 수 있는 동사

to만 올 수 있는 동사는 to만 올 수 있습니다. -ing나 to + ing 동시에 올 수 없습니다. 대표적인 동사로 아래 세 가지를 배워볼게요.

| | |
|---|---|
| want : 원하다<br>need : 필요하다<br>plan : 계획하다 | I want to eat. (O)<br>I want eating. (X)<br>I want to eating. (X) |

## Unit 2  -ing만 올 수 있는 동사

ing만 올 수 있는 동사도 마찬가지입니다. ing만 올 수 있는 동사는 ing만 올 수 있습니다. to나 to + ing 동시에 올 수 없습니다.

| | |
|---|---|
| enjoy : 즐기다<br>keep : 계속하다<br>go : 가다 | Keep going. (O)<br>Keep to go. (X)<br>Keep to going. (X) |

## Unit 3   to와 -ing 둘 다 올 수 있는 동사

to와 -ing 동시에 올 수 있는 동사는 둘 다 올 수 있습니다.

| I like to eat. (O) | I like eating. (O) |
|---|---|

그러나 to와 -ing가 동시에 올 수는 없습니다.

| I like to eating. (X) |
|---|

like start love begin continue hate

저는 이렇게 외웠어요!

좋아하기(like) 시작하면(start) 사랑을(love) 시작하고(begin) 계속 하다보면(continue) 싫어해서 (hate) 헤어진다! 솔로 만세!

그래서 저 위의 퀴즈에 대한 정답은 I like eating.이나 I like to eat.이 됩니다.

★ 만약에 동사 뒤에 명사가 온다면 to부정사 없이 바로 명사를 넣어 주시면 됩니다.

| 나 자는거 사랑하지!<br>I love to sleep 혹은 I like sleeping. | 나는 너를 사랑해.<br>I love to you. |
|---|---|

**1**

**want**
원하다

1. 나는 일 가는 것을 원해.

2. 그녀가 운전하길 원해?

3. 헨리가 여자친구 원한대?

4. 그가 영화 보고 싶대.

5. 너 커피 원해?

**2**

**need**
필요하다

1. 너는 오늘 밤에 운전해야 해. (tonight)

2. 헨리는 이것을 아는 것이 필요해?

3. 그녀는 이것이 필요하지 않아.

4. 나는 너랑 이야기해야 돼.

5. 우리는 오늘 일찍 잘 필요가 없어.

**3**

**plan**
계획하다

1. 우리는 오늘 걷기로 계획했어.

2. 그들은 이것을 즐기기로 계획하지 않았어.

3. 그녀는 공부하기로 계획했어?

4. 에바는 공부하기로 계획했어.

5. 그들은 이것을 시작하기로 계획했어?

## 4 enjoy
즐기다

1. 그는 걷는 것을 즐겨.

2. 우리는 커피를 즐겨.

3. 에바는 음악 듣는 것을 즐기지 않아.

4. 그녀는 축구 게임 보는 것을 즐기니?

5. 나는 운전하는 것을 즐기지 않아.

## 5 keep
계속하다

1. 헨리는 계속 공부해.

2. 헨리 계속 공부해?

3. 우리는 계속 영화를 봐.

4. 너희 계속 집에서 영화 봐? (at home)

5. 나 계속 걸어.

## 6
**like**
좋아하다

1. 나는 먹는 것을 좋아해.

2. 그녀는 운전하는 것을 좋아해.

3. 그들은 영화 보는 것을 좋아하지 않아.

4. 그는 커피를 좋아하지 않아.

5. 에바 걷는 것을 좋아하니?

## 7
**work out**
운동하다

1. 너는 운동하는 것이 필요해.

2. 헨리는 운동하는 것을 안 좋아해.

3. 그들은 운동하는 거 좋아하니?

4. 나는 운동하기로 계획했어.

5. 에바는 운동하는 것을 원하지 않아.

## 8
**hate**
싫어하다

1. 그는 운전하는 거 싫어하니?

2. 나 운동하는 거 안 싫어해.

3. 헨리는 음악 듣는 것을 싫어해.

4. 너 버스 타는 거 싫어하잖아.

5. 우리는 조깅 가는 거 안 싫어해.

**9**

**go**
가다

1. 가자!

2. 너 조깅가길 원해?

3. 수영 가자!

4. 수영 가지 말자.

5. 그는 쇼핑을 매일 가.

6. 우리는 쇼핑 가.

7. 그녀는 등산가지 않아. (hiking)

8. 헨리는 조깅 가니? (jogging)

9. 나는 쇼핑 안가.

10. 그는 매일 수영을 가.

## 10
### enjoy
즐기다

1. 나는 너랑 얘기하는 거 즐겨.

2. 헨리는 영화 보는 거 즐기니?

3. 그녀는 걷는 것을 즐기지 않아.

4. 너 이거 즐기니?

5. 나는 음악 듣는 것을 즐겨.

Unit 1
**Open Ended Questions**

지금껏 우리는 일반동사를 사용해서 질문하는 법을 배웠습니다.

"너는 운동하니?[Do you work out?]"라는 질문에서는 우리는 "예, 아니오[Yes/No]"로만 대답을 할 수 있습니다.

이것은 Closed-Ended Questions라고 합니다.

그런데 상대방이 언제 운동하는지, 어디서 운동하는지 알고 싶지 않으세요? 그럴 때 사용하는 것이 육하원칙입니다!

| 1 | 누가 | who | 4 | 무엇을 | what |
|---|---|---|---|---|---|
| 2 | 언제 | when | 5 | 어떻게 | how |
| 3 | 어디서 | where | 6 | 왜 | why |

Open-Ended(열린 질문)을 만드는 것은 간단해요.

이미 만들어 둔 의문문 앞에 육하원칙만 넣으면 끝난답니다!

간단한 연습을 한번 해 볼게요.

| 평서문 | 너는 그녀와 운동을 해. | You work out with her. |
|---|---|---|
| 의문문 (닫힌 질문) | 너는 그녀와 운동을 하니? | Do you work out with her? |
| 의문문 (열린 질문) | 너는 왜 그녀와 운동을 하니? | Why do you work out with her? |

쉽죠? 그런데 여기서 누구와 운동하는지 묻고 싶을 수도 있잖아요.

그러면 우리가 만들었던 "너는 왜 그녀와 운동하니?"를 가지고 와 볼게요.

> ### Why do you work out with her?

여기서 Why를 who로만 바꿔주면 되겠죠?

> ### Who do you work out with her?

앗, 그런데 이 문장을 해석 해 보니 "너는 누구와 운동을 하니 그녀?"라는 이상한 문장이 돼 버렸어요.

한글에서 어색한 부분인 "그녀"에 해당하는 "her"를 지워줘 볼게요.

> ### 너는 누구와 운동을 하니 ~~그녀~~?
> ### Who do you work out with ~~her~~?

그러면 남는 문장은 Who do you work out with?입니다. 그래서 ~와 운동을 하다 일 때는 문장 뒤에 **with**를 넣어주셔야 해요.

### Unit 2  의문사 주어

이번에는 주인공이 없는 의문문을 만들어 볼게요.

우선 주인공이 있는 질문부터 만들어 볼까요?

> ### 너는 운동을 하니?
> ### Do you work out?

위에 나온 질문은 닫힌 질문입니다. Yes나 No로 대답할 수 있는 질문입니다.

이제는 열린 질문을 만들어볼까요?

| 너는 어디서 운동을 하니? | 너는 왜 운동을 하니? |
|---|---|
| Where do you work out? | Why do you work out? |

| 너는 언제 운동을 하니? | 너는 어떻게 운동을 하니? |
|---|---|
| When do you work out? | How do you work out? |

이 위의 4문장들은 다 주인공이 "너"입니다.

그런데 누가 운동해? 에서는 주인공이 누구일까요? "누가"가 주인공입니다. 여기서 who는 아직 누구인지 모르기 때문에 우리는 단수(한 명) 취급을 해줘요.

누가/무엇이 주인공인 질문일 때는 의문사는 3인칭 단수 취급을 해줍니다. 마치 아래와 같은 문장을 만드는 방법과 같아요.

| 그녀는 운동해. |
|---|
| She works out. |

여기서 우리는 she를 빼고 who를 넣어주면 누가 운동해? 라는 문장을 얻을 수 있어요. 왜냐면 그녀도 3인칭 단수이기 때문입니다.

| Who works out? |
|---|

이렇게요!

부정문도 마찬가지입니다.

| 그녀는 운동하지 않아. | 누가 운동을 안 하니? |
|---|---|
| She doesn't work out. | Who doesn't work out? |

다른 의문사 주어도 마찬가지로 3인칭 단수 취급을 해줍니다.

| 무엇이 너를 웃게 해? |
|---|
| What makes you smile? |

**1**

**buy**
사다

1. 왜 그녀는 너한테 매일 점심을 사줘?

2. 헨리는 언제 너한테 선물 사줘? (gifts)

3. 그들은 나한테 아무것도 안 사줘. (anything)

4. 그는 나한테 꽃을 매일 사줘.

5. 나는 펜 안 사.

**2**

**give**
주다

1. 너 왜 나한테 이거 줘?

2. 에바는 그에게 편지를 안 줘.

3. 그들은 너에게 두 번째 기회를 주지 않아. (a second chance)

4. 너는 언제 그에게 편지를 줘?

5. 나는 내 아들한테 현금 안 줘. (cash)

**3**

**make**
만들다

1. 너는 언제 아침을 만들어?

2. 그녀는 왜 너한테 아침을 만들어 줘?

3. 무엇이 너를 웃게 만드니? (smile)

4. 나는 그에게 쿠키를 만들어주지 않아.

5. 너 파스타 어떻게 만들어?

## 4
**write**
쓰다

1. 헨리는 에바에게 매주 편지를 쓴다.

2. 나는 나의 상사에게 이메일을 쓰지 않아. (boss)

3. 그녀는 왜 너한테 편지를 쓰니?

4. 너희는 언제 게시글을 쓰니? (posts)

5. 누가 너한테 편지를 써?

## 5
**bring**
가져오다

1. 간식 조금 가져가자! (some snacks)

2. 나는 학생들에게 쿠키를 가져다줘. (cookies)

3. 에바는 친구들에게 선물을 가져다주지 않아. (gifts)

4. 어떻게 너희는 점심을 직장에 가지고 오니?

5. 그들은 나에게 음식을 가지고 와.

## 6

**work out**
운동하다

tips!
work out 같은 동사들
은 work 뒤에 변화를
주면 됩니다.
ex) working out /
works out

1. 너는 어디서 운동해?

2. 어떻게 그녀는 운동하는 것을 즐겨?

3. 헨리는 계속 운동 중이야.

4. 그는 운동 안 해.

5. 누가 지금 운동해?

## 7

**want**
원하다

1. 나는 너한테 저녁 만들어 주고 싶어.

2. 너희 언제 영화 보고 싶어?

3. 헨리는 계속 요리하고 싶어 하지 않아.

4. 그녀가 왜 너한테 음식을 주고 싶대?

5. 그들이 너한테 점심 사주고 싶어 해.

## 8

**have**
ⓐ 가지다
ⓑ 먹다

1. 펜 있어요?

2. 그녀는 뭘 가지고 있나요, 그녀의 가방 안에?

3. 시간 있어요?

4. 헨리는 그와 저녁을 먹고 싶대? (have dinner)

5. 에바는 지금 아침을 먹고 싶대. (have breakfast)

**9**

**take**
ⓐ 가져가다
ⓑ 대중교통을 타다
ⓒ 목욕을 하다

**tips!**
대중교통일 때는 탈 것 앞에 the를 붙입니다.

1. 너는 버스 타고 출근하니?

2. 그는 샤워해. (a shower)

3. 그녀는 매일 목욕해. (a bath)

4. 산책하자! (a walk)

5. 자리에 앉자. (a seat)

**10**

**cook**
요리하다

1. 그는 지금 저녁을 요리해야 돼.

2. 누가 아침 요리해?

3. 너 요리 즐기지 않잖아.

4. 우리는 요리하는 것을 계획했어.

5. 어떻게 그들은 계속 요리해?

1 그녀는 학교로 걸어가.

2 너는 어떻게 직장에 걸어가니?

3 그녀는 무언가 얘기해.

4 그녀는 무엇을 얘기하니?

5 나는 어떤 것도 말하지 않아.

6 헨리는 나랑 대화 안 해.

7 너는 그 이야기를 말하지 않아.

8 에바는 왜 그녀와 이야기하니?

9 그녀는 나를 몰라.

10 헨리는 나를 몰라.

11 그는 일찍 자러 가니?

12 에바는 왜 늦게 자러 가?

13 그들은 언제 일을 가?

14 그녀는 매일 운전해.

15 에바는 운전해서 직장을 가.

16 그녀는 운전할 필요 없어.

**17** 에바는 그를 알아야 해.

**18** 너 이거 필요해?

**19** 내가 왜 운동해야 돼?

**20** 3월 22일이야.

**21** 8월 27일이야.

**22** 내 생일이야.

**23** 나는 강아지 좋아해.

**24** 그녀는 커피 좋아해?

**25** 너 영화 좋아해?

**26** 너 영화 보는 거 좋아해?

**27** 나는 커피가 필요해.

**28** 우리는 그가 필요 없어.

**29** 헨리는 여자친구를 원하니?

**30** 너는 언제 나한테 저녁을 만들어주고 싶어?

**31** 너희 어디서 영화 보고 싶어?

**32** 그녀는 왜 너한테 편지를 써주고 싶대?

**33** 비와?

**34** 비가 오지 않아.

**35** 화요일이야.

**36** 토요일이야.

**37** 나는 포옹을 원해.

**38** 나는 내 직업을 안 좋아해.

**39** 그는 산책하는 것을 즐겨.

**40** 나는 커피를 즐기지 않아.

**41** 너는 운전하는 것을 즐기니?

**42** 나 남자친구 있어.

**43** 너 감기 걸렸어?

**44** 그녀는 코로나 걸렸어.

**45** 한국은 봄이야.

**46** 호주는 여름이니?

**47** 호주는 여름이 아니야.

**48** 자리에 앉자.

**49** 저희는 주문을 받지 않습니다.

**50** 언제 주문받으시나요?

51 너 나 보여?

52 나 너 안 보여.

53 나 뭔가 보여!

54 너 뭔가 보여?

55 나 아무것도 안 보여.

56 나는 TV 안 봐.

57 그녀는 TV 보니?

58 헨리는 축구경기 보는 것을 좋아해.

59 나 자러 가고 싶어.

60 우리는 집에 가고 싶어.

61 너희는 언제 집에 가고 싶어?

62 왜 헨리가 이것을 알아야 해?

63 너 언제 나랑 이야기해야 돼?

64 너는 오늘 밤에 일찍 잘 필요가 없어.

65 우리는 오늘 밤에 걷기로 계획했어.

66 그녀는 어떻게 계속 공부하니?

67 헨리는 왜 계속 자?

68 나는 운전하는 것을 좋아해.

69 그녀는 언제 운동하는 거 좋아해?

70 그는 운동하는 거 싫어해.

71 나는 조깅 가는 거 싫어해.

72 너 운동하는 거 원하지 않잖아.

73 그녀는 왜 운전하고 싶어 해?

74 그가 어디서 영화 보고 싶대?

75 우리는 너랑 얘기하는 거 즐겨.

76 그녀는 산책하는 것을 즐겨.

77 왜 그녀는 매일 너한테 점심을 사줘?

78 나는 커피 안 사.

79 그들은 너한테 두 번째 기회를 주지 않아.

80 너는 언제 아침을 만들어?

81 에바는 어떻게 파스타를 만들어?

82 그는 그녀에게 아침을 해주지 않아.

83 무엇이 너를 웃게 하니?

84 누가 너한테 아침을 해줘?

**85** 헨리는 에바에게 매주 편지를 쓴다.

**86** 그들은 나에게 음식을 가지고 와.

**87** 어떻게 너희는 점심을 회사로 가지고 오니?

**88** 너는 어디서 운동해?

**89** 누가 지금 운동해?

**90** 헨리는 언제 저녁을 먹고 싶대?

**91** 나는 이해가 안 돼.

**92** 너는 어떻게 그를 이해해?

**93** 너희 나 이해해?

**94** 오래 걸려. (long)

**95** 오래 걸리니?

**96** 거기 가기까지 오래 걸려. (to get there)

**97** 거기 가기까지 오래 안 걸려.

**98** 너는 무엇을 원하니?

**99** 나는 어떤 것도 원하지 않아.

**100** 그녀는 새로운 핸드폰을 원해.

# 부정의문문

## Unit 1  부정의문문과 부정의문문의 대답

영어는 참 단순한 언어입니다. 내가 하고 싶은 대답에 따라 Yes, No를 대답해 주시면 돼요.

| 너 운동 안 하지 않아? Don't you work out? |
| --- |

응, 안 해. 여기서 "안 해!"를 이야기 하고 싶은 것이기 때문에 대답은 No로 해주시고 뒤에 대답을 하면 됩니다. No, I don't.

응, 해. 일 때는 "해!"를 이야기 하고 싶은 것이기 때문에 대답은 Yes가 되겠죠.

기억하세요! 내가 하고 싶은 대답에 따라서 응, 아니(yes/no)를 정하는 것입니다.

부정의문문을 만드실 때는 반드시 줄인 표현을 사용해서 문장을 만들어 주세요!

| 부정 의문문 ||
| --- | --- |
| Don't I | Don't my friends / Don't the teachers... |
| Don't we / Don't you / Don't they | Doesn't my mom / Doesn't the boy |
| Doesn't he / Doesn't she / Doesn't it | |

**1**
**like**
좋아하다

1. 너 커피 좋아하지 않아?

2. 어, 안 좋아해.

3. 어, 좋아하지.

4. 너 왜 커피 안 좋아해?

5. 그녀가 커피 좋아해.

**2**
**need**
필요하다

1. 그녀 자야 되는 거 아니야?

2. 아냐, 그럴 필요 없어.

3. 너 이거 필요한 거 아니야?

4. 어, 안 필요해.

5. 왜 이거 안 필요해?

**3**
**want**
원하다

1. 너 내 번호 원하지 않아?

2. 응, 원하지 않아.

3. 너 왜 번호 원하지 않아?

4. 나는 남자친구를 원하지 않아.

5. 그녀는 왜 남자친구를 원하지 않아?

## 4
## hang out
놀다

tips!

우리가 알고 있는 놀다 play는 아이나 동물과 놀 때 사용합니다.
친구들과 노는 것은 hang out을 사용해요!

1. 그녀는 그랑 안 놀지?

2. 아냐, 놀아.

3. 그녀가 언제 그랑 노는데?

4. 그녀는 회사 끝나고 그랑 놀아.

5. 니가 그랑 안 놀지.

## 5
## clean
청소하다 (물 ✕)

1. 너 방 청소 안 해?

2. 아니, 청소하지.

3. 너 방 언제 청소해?

4. 나는 매일매일 방 청소해.

5. 그는 매일 방 청소를 하지 않아.

**6**

**wash**
씻다 (물 ○)

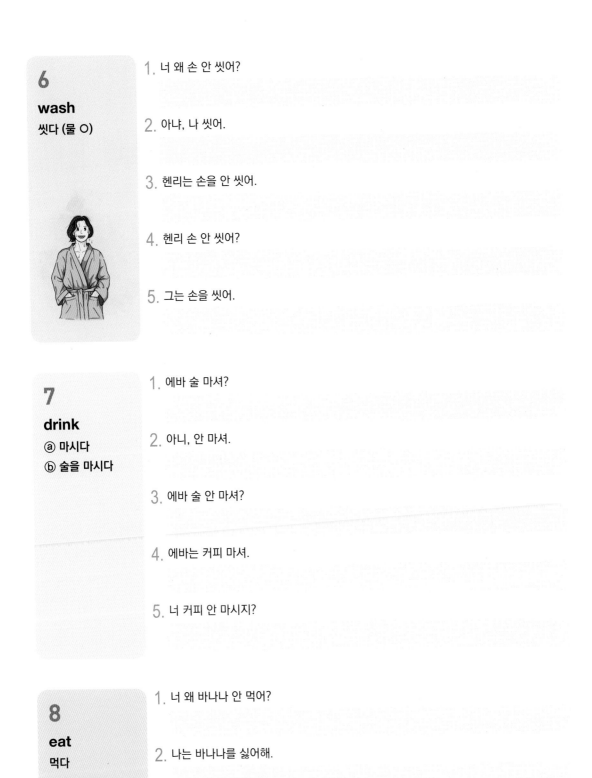

1. 너 왜 손 안 씻어?

2. 아냐, 나 씻어.

3. 헨리는 손을 안 씻어.

4. 헨리 손 안 씻어?

5. 그는 손을 씻어.

**7**

**drink**
ⓐ 마시다
ⓑ 술을 마시다

1. 에바 술 마셔?

2. 아니, 안 마셔.

3. 에바 술 안 마셔?

4. 에바는 커피 마셔.

5. 너 커피 안 마시지?

**8**

**eat**
먹다

1. 너 왜 바나나 안 먹어?

2. 나는 바나나를 싫어해.

3. 너 왜 바나나 안 좋아해?

4. 그녀는 언제 바나나를 먹어?

5. 그녀는 바나나를 안 먹어.

**9**
**have**
식사를 가지다

1. 너 언제 아침 먹어?

2. 나 아침 안 먹어.

3. 너 왜 아침 안 먹어?

4. 나는 아침 먹는 것을 싫어해.

5. 저녁 먹자!

**10**
**enjoy**
즐기다

1. 너 책 읽는 거 즐기지 않아?

2. 어, 즐기지.

3. 아니, 안 즐겨.

4. 너 왜 운동하는 거 안 즐겨?

5. 나 운동하는 거 즐기지 않아.

# 얼마나 자주?

## Unit 1 빈도부사

be동사, 조동사 뒤 일반동사 앞 혹은 문장의 앞과 뒤에 위치가 가능합니다.

빈도부사는 얼마나 자주를 나타내주는 단어예요! 보통 동작(동사) 앞에 위치합니다.

영어에서 자주 사용되는 빈도 부사에는 "항상 - always," "보통 - usually," "자주 - often," "가끔 - sometimes," "거의 ~ 않다 - rarely," "절대 ~ 않다 - never" 등이 있습니다.

우리는 3인칭 단수 현재시제일 때 동사 뒤에 -(e)s를 붙이는 것을 배운 적이 있죠. 빈도부사가 s로 끝나는 것들이 있지만 이 단어들은 여러 번 하기 때문에 s가 붙은 거지 주인공이 3인칭이여서 붙인 게 아니라는 것을 기억해 주세요. 빈도부사에 s가 들어가 있더라도 주어가 3인칭 단수에 현재시제라면 동사 뒤에 -(e)s를 꼭 붙여주셔야 합니다!

## Unit 2 rarely(=seldom)와 never

rarely/never는 이미 뜻 자체에 부정형이 들어가 있습니다. 각각 거의 ~ 않다, 절대 ~ 않다 이기 때문에 문장에서 not과 절대 절대 함께 쓰지 않아요!

예를 들어 나는 절대 파티들에 안가. 라는 문장을 말할 때는 "안 가"라는 부정형 있음에도 "절대"라는 빈도부사가 있기 때문에

I never go to parties. 이렇게 써야 합니다.

I don't never go to parties. 는 안 돼요!

not

rarely, seldom

57

**1**

**always**
항상

1. 그녀는 항상 산책해.

2. 왜 헨리는 항상 점심을 사?

3. 우리는 항상 거기 가는 건 아니야.

4. 나는 항상 손을 씻어.

5. 그들은 항상 점심을 직장에 가지고 와.

**2**

**usually**
보통

1. 나는 보통 그녀와 안 놀아.

2. 그는 보통 너에게 아침을 만들어 줘?

3. 나는 보통 친구들이랑 이야기해.

4. 에바는 보통 운전해서 직장을 가?

5. 너는 보통 어디서 음악을 들어?

**3**

**often**
자주

1. 나는 자주 영화를 즐겨.

2. 에바는 자주 운동을 해.

3. 그는 자주 너랑 대화하니?

4. 너는 자주 점심을 회사에 가져오니?

5. 그들은 자주 술을 마셔.

## 4

### sometimes
**가끔, 종종**

1. 그녀는 가끔 아침을 요리해.

2. 헨리는 종종 친구들과 놀아.

3. 나는 종종 거기에 가. (there)

4. 나는 가끔 산책해.

tips!
here와 there는 to를
사용하지 않습니다!

5. 그들은 가끔 여기에 와. (here)

## 5

### every
**매~**

1. 헨리는 매달 세차를 해.

2. 우리는 매주 영화를 봐.

3. 그들은 매 주말마다 이야기해.

4. 그들은 일요일마다 교회 가지 않니? (church)

5. 나는 매년 부산을 운전해서 가.

**6**

**once**
한 번

1. 나는 일주일에 한 번 목욕해.

2. 헨리는 한 달에 한 번 식료품을 사. (groceries)

3. 그녀는 일 년에 한 번 책을 써?

4. 그들은 일주일에 한 번 늦게 자.

5. 너는 일 년에 한 번 운전하니?

**7**

**twice**
두 번

1. 그녀는 일주일에 두 번 운동해.

2. 에바는 한 달에 두 번 술을 마셔.

3. 우리는 일 년에 두 번 계획해.

4. 나는 하루에 두 번 샤워해.

5. 그들은 하루에 두 번 빵을 만드니? (bread)

**8**

**three times**
세 번

1. 헨리는 일 년에 세 번 세차해.

2. 어떻게 너는 일주일에 세 번 요리해?

3. 에바는 한 달에 세 번 그녀의 부모님과 이야기를 해. (parents)

4. 나는 하루에 세 번 양치해. (brush my teeth)

5. 너는 하루에 세 번 양치하니?

## 9
**rarely**
거의 ~ 않다
= seldom

1. 헨리는 거의 운전을 하지 않아.

2. 나는 거의 일찍 일어나지 않아. (wake up)

3. 그녀는 거의 나한테 대화를 하지 않아.

4. 우리는 거의 음악을 듣지 않아.

5. 그들은 거의 TV를 보지 않아.

## 10
**never**
절대 ~ 않다

1. 나는 절대 술 안 마셔.

2. 그녀는 절대 늦게 자러 가지 않아.

3. 너는 절대 나한테 점심 안 사주잖아.

4. 헨리는 절대 내 말을 듣지 않아.

5. 우리는 절대 아침을 먹지 않아.

# Chapter 09

# 얼마나~, 어떤 ~? 의문사 활용

Unit 1 **how + 형용사/부사**

의문사 how 뒤에 형용사나 부사를 붙이게 되면 얼마나 ~한 혹은 얼마나 ~하게 하는 뜻이 됩니다.

| How | often | 얼마나 자주 |
|---|---|---|
| | long | 얼마나 오래 |
| | far | 얼마나 멀리 |
| | old | 얼마나 나이든, 얼마나 오래된 |

Unit 2 **what + 명사**

의문사 what 뒤에 명사를 붙이게 되면 무슨 ~ 혹은 어떤 ~ 이라는 뜻이 됩니다.

| What | food | 어떤 음식 |
|---|---|---|
| | movie | 어떤 영화 |
| | sport | 어떤 스포츠 |
| | book | 어떤 책 |
| | kind of | 어떤 종류의 ~ |

**1**

**eat out**
외식하다

1. 너는 얼마나 자주 외식해?

2. 너 어디서 외식해?

3. 너는 보통 누구랑 함께 외식하니?

4. 너는 언제 외식하고 싶어?

5. 너는 왜 매일 외식해?

**2**

**travel to**
~로 (긴)
여행을 가다

1. 너는 어느 나라로 긴 여행을 가고 싶니? (country)

2. 얼마나 오래 여행하고 싶어?

3. 너는 보통 언제 여행을 가?

4. 얼마나 자주 캐나다로 여행하니?

5. 너는 보통 누구랑 여행하니?

**3**

**go on a trip**
(짧은)
여행을 가다

1. 얼마나 자주 짧은 여행을 가?

2. 너는 보통 누구랑 짧은 여행을 가니?

3. 얼마나 오래 그는 보통 짧은 여행을 가니?

4. 얼마나 멀리 너는 짧은 여행을 가니? (far)

5. 왜 너는 매달 짧은 여행을 가?

## 4
**take**
시간이 걸리다

1. 얼마나 오래 걸리나요?

2. 오래 걸리지 않아요.

3. 보통 얼마나 오래 걸리나요?

4. 거기까지 얼마나 걸리나요? (to get there)

5. 오래 걸립니다.

## 5
**wait for**
~를 기다리다

1. 너 무엇을 기다려?

2. 너는 보통 얼마나 오래 기다려?

3. 나는 보통 그녀를 기다리지 않아.

4. 왜 너는 그녀를 기다리지 않니?

5. 너는 누구를 기다리니?

**6**

**brush** 소유격
**teeth**
양치를 하다

1. 너는 얼마나 오래 양치를 하니?

2. 너는 얼마나 자주 양치를 하니?

3. 어떻게 그녀는 양치하니?

4. 왜 너는 양치를 안 해?

**7**

**play**
(아이나 동물과)
놀다, 게임을 하다

1. 그는 얼마나 자주 아이들과 놀아? (children)

2. 어떤 종류의 게임을 에바는 하니?

3. 너는 누구랑 놀아?

4. 누가 너의 강아지랑 노니?

5. 그녀가 항상 내 강아지랑 놀아.

**8**

**hang out**
(친구들과) 놀다

1. 너는 얼마나 자주 친구들과 노니?

2. 그는 어디서 친구들과 놀아?

3. 에바는 왜 그랑 놀아?

4. 너는 누구랑 놀아?

# 명령문

1. 앉아라! 서라! 를 영어로 할 때 우리는 Sit down! Stand up! 이라고 하는 걸 들어보신 적이 있을 거에요. 이것은 명령문의 구조를 하고 있기 때문입니다.

명령문은 동사원형으로 시작하면 됩니다.

2. 조용히 해라! 할 때는 어떻게 하는지 혹시 들어보셨나요? Be quiet! 이라고 하죠. 여기서 quiet은 조용한 이라는 형용사이기 때문에 be동사와 함께 나옵니다. 형용사는 혼자 쓰일 수 없고 반드시 be동사와 함께 나와야 해요!

3. 명령문의 부정문 즉, ~ 하지 마라는 Don't를 사용해서 나타냅니다. Don't 뒤에 동사원형을 써주면 돼요.

4. 명령문에 주어가 없는 이유는 듣는 사람이 너 혹은 너희(You)이기 때문에 생략을 해요. 다만 강조를 하고 싶을 때는 You를 쓰기도 하는데 이때 You를 강조해서 말해주어야만 명령이라는 것을 알 수 있어요. 강조하지 않고 말한다면 현재 평서문의 문장과 다를 게 없습니다.

1. 나 기다려줘.

2. 너 방 좀 치워라.

3. 손 씻어.

4. 나 기다리지 마.

5. 늦었어. 자러 가. (It's late.)

6. 선물 가져오지 마.

7. 요리하지 마.

8. 그녀랑 얘기해봐.

9. 걔네랑 (짧은) 여행 가지 마.

10. 계속 일해!

11. 그 비밀을 말하지 마. (secret)

12. 이거 봐!

13. 나 보지 마.

14. 여기서 뛰지 마세요.

15. 나한테 저녁을 만들어 줘.

16. 여기서 자지 마세요.

17. 매일 운동하세요.

18. 지금 나한테 이메일 써.

19. 그에게 점심 사주지 마.

20. 걔네랑 놀지 마.

# Chapter 11

## 일반동사 과거 — 규칙 (-ed)

1. 일반동사 과거는 과거의 행동을 나타낼 때 사용합니다. ~했(었)다 로 해석합니다.

2. 일반동사의 과거형은 ⓐ 과거에 했던 일 ⓑ 과거 습관이나 버릇 ⓒ 역사적인 사실을 나타낼 때 사용합니다.

3. 주인공(주어)에 관계없이 동사는 과거동사로 바꿔줍니다.

과거동사로 바뀌는 경우가 두 가지가 있는데 하나는 동사 뒤에 -ed를 붙여 만드는 경우(규칙 동사)가 있고 다른 하나는 아예 형태가 달라지는 경우(불규칙 동사)가 있습니다.

4. 일반동사의 과거시제 의문문을 만들 때는 주인공 앞에 숨어 있는 did를 찾고 부정문을 만들때는 주인공 뒤에 did를 붙인 뒤 not을 써주면 됩니다.

의문문과 부정문을 만들 때 did를 찾고 나서 뒤에 있는 동사를 반드시 원래 형태(원형)으로 사용해 주셔야 합니다.

부정의문문을 만들 때는 did not을 반드시 줄인 형태로 사용하는 것을 잊지 마세요!

| 부정 의문문 |
| --- |
| Didn't I |
| Didn't we / Didn't you / Didn't they |
| Didn't he / Didn't she / Didn't it |
| Didn't my friends / Didn't the teachers... |
| Didn't my mom / Didn't the boy |

It snowed.
눈왔어.

**1**

**walk -
walked**
걷다 – 걸었다

1. 우리는 걸었다.

2. 너는 걸었다.

3. 그는 걸었다.

4. 누가 여기 걸어왔니?


**2**

**look at -
looked at**
바라보다 –
바라봤다

1. 그들은 나를 바라봤다.

2. 나는 그것을 바라봤다.

3. 그는 그녀를 바라봤다.


**3**

**watch -
watched**
보다 – 봤다
(의지 O /
콘텐츠 O)

1. 나는 TV를 봤다.

2. 그녀는 그것을 봤다.

3. 그들은 TV를 봤다.

4. 누가 TV를 봤니?

**4**

**listen to -**
**listened**

~을 듣다 -
~을 들었다 (의지
○ / 콘텐츠 ○)

1. 우리는 음악을 들었다.

2. 그녀는 나를 경청했다.

3. 그는 음악을 들었다.

**5 talk to -**
**talked to**

~와 이야기하다,
대화하다 -
~와 이야기했다,
대화했다

1. 그는 나에게 매일 이야기했어.

2. 그들은 너에게 이야기했어.

**6**

**like - liked**

좋아하다 -
좋아했다

1. 나는 강아지 좋아했어.

2. 그녀 커피 좋아했어.

3. 우웰은 이거 좋아했이.

4. 그들은 영화 좋아했어.

5. 에바는 사람 좋아했어.

**7**

**need -**
**needed**

1. 나 커피 필요했어.

2. 그는 니가 필요했어.

**필요하다 – 필요했다**

3. 헨리는 소금이 필요했어.

4. 나는 컵 하나 필요했어.

5. 그녀는 포옹이 필요했어.

6. 누가 포옹이 필요했어?

## 8
**want – wanted**
**원하다 – 원했다**

1. 그녀는 너를 원했어.

2. 우리는 커피를 원했어.

3. 오웬은 여자친구를 원했어.

4. 나는 포옹을 원했어.

5. 누가 커피를 원했니?

## 9 rain – rained
비가 오다 – 비가 왔다

1. 비 왔어.

## 10 snow – snowed
눈이 오다 – 눈이 왔다

1. 눈 왔어.

## 11

1. 우리는 오늘 걷기로 계획했어.

**plan -
planned**
계획하다 -
계획했다

2. 그들은 이것을 즐기기로 계획했어.

3. 그녀는 공부하기로 계획했어.

4. 그들은 이것을 시작하기로 계획했어.

5. 누가 이걸 계획했어?

**12**

**work out -
worked out**
운동하다 -
운동했다

1. 그는 운동했어.

2. 헨리는 운동하는 것을 좋아했어.

3. 나는 운동하기로 계획했어.

4. 에바는 운동했어.

**13**

**hate - hated**
싫어하다 -
싫어했다

1. 그는 운전하는 거 싫어했어.

2. 나 운동하는 거 싫어했어.

3. 헨리는 음악 듣는 것을 싫어했어.

4. 우리는 버스 타는 거 싫어했어.

5. 우리는 조깅 가는 거 싫어했어.

## 14

**enjoy - enjoyed**

즐기다 - 즐겼다

1. 나는 너랑 얘기하는 거 즐겼어.

2. 그녀는 걷는 거 즐겼어.

3. 너 이거 즐겼어.

4. 나는 너와 쇼핑가는 걸 즐겼어.

## 15

**cook - cooked**

요리하다 - 요리했다

1. 내가 저녁 요리했어.

2. 에바가 점심 요리했어.

3. 그는 요리하기를 원했어.

4. 누가 요리했어?

## 16

**clean - cleaned**

청소하다 - 청소했다 (물 ×)

1. 나는 어제 방 청소했어.

2. 헨리가 청소했어.

3. 누가 내 방 청소했어?

## 17

1. 나 손 씻었어.

**wash-washed**
씻다-씻었다(물 O)

2. 그들은 손 씻었어.

---

**18**

**brush** 소유격
**teeth -**
**brushed**
양치를 하다 -
양치를 했다

············ **tips!**
누구인지 모를 때의 소
유격은 their로 나타냅
니다.

1. 그녀는 양치했어.

2. 누가 양치했어?

3. 나는 양치했어.

4. 우리는 양치했어.

---

**19**

**travel to -**
**traveled to**
~로 (긴) 여행을 가다
- ~로 여행을 갔다

1. 그는 캐나다로 여행 갔어.

2. 그들은 부모님과 캐나다로 여행 갔어. (parents)

---

**20**

**wait for -**
**waited for**
~를 기다리다 -
기다렸다

1. 나는 어제 너를 기다렸어.

2. 에바는 너를 기다렸어.

3. 어제 누가 너를 기다렸다구?

---

**21**

**play - played**
(아이나 동물과)
놀다, 게임을 하다
- 놀았다

1. 나는 항상 아이들과 놀았어.

2. 누가 내 강아지랑 놀았어?

# 일반동사 과거 — 불규칙

이번 챕터에서는 과거동사의 형태를 달리 하는 경우를 살펴보겠습니다.


과거 동사를 만드는 방법은 네 가지가 있습니다.

ⓐ A – A – A

ⓑ A – B – B

ⓒ A – B – A

ⓓ A – B – C


ⓐ A – A – A 여기서는 현재, 과거 그리고 세 번째 동사(과거분사)가 형태가 같은 동사를 말합니다.

| cut – cut – cut / hurt – hurt – hurt / sit – sit – sit |
|---|

과 같은 동사들이 있습니다.


ⓑ A – B – B 여기서는 현재를 제외한 과거와 세 번째 동사(과거분사)의 형태가 같은 동사를 말합니다.

| make – made – made / have – had – had / bring – brought – brought |
|---|

과 같은 동사들이 있습니다.


ⓒ A – B – A 여기서는 과거동사만 다르고 동사의 원래 형태(동사원형)와 세 번째 동사(과거분사)의 형태가 같습니다.

> run – ran – run / come – came – come / become – became – become

ⓓ A – B – C 여기서는 현재, 과거, 세 번째 동사(과거분사)가 모두 다른 형태를 말합니다.

> see – saw – seen / eat – ate – eaten / give – gave – given

과 같은 동사들이 있습니다.


형태가 달라지는 동사들은 암기가 필요해요!

## 1

**go - went**
가다 - 갔다 (둘 다
그곳에 없을 때)

1. 나는 거기에 갔어.

2. 그들은 일을 갔어.

3. 그녀는 학교에 갔어.

4. 우리는 쇼핑 갔어.

5. 헨리는 조깅 갔어.

## 2

**come -
came**
오다 - 왔다 (둘
중의 하나가 그곳에
있을 때)

1. 그들이 왔어.

2. 나는 왔어.

3. 그녀가 왔어.

## 3

**sleep - slept**
자다 - 잤다

1. 그녀는 잤어.

2. 나는 잤어.

## 4

1. 그는 자러 갔어.

**go to bed - went to bed**
자러 가다 - 자러 갔다

2. 그들은 자러 갔어.

3. 나는 일찍 자러 갔어. (early)

**5**

**see - saw**
(그냥) 보다 / 눈이 있어서 보다 - 봤다

1. 나는 어제 너를 봤어.

2. 그녀는 우리를 봤어.

3. 그들은 나를 봤어.

4. 나 어제 길에서 너 봤어. (on the street)

**6**

**hear - heard**
(그냥) 듣다 / 귀가 있어서 들린다 — 들었다

1. 그는 나를 들었어.

2. 우리는 너를 들었어.

3. 그녀는 그것을 들었어.

**7**

**say / say to - said**
~을 이야기하다 / ~에게 이야기하다 - 이야기했다 (정보전달)

1. 그녀는 무언가 얘기했어.

2. 그가 나한테 이야기했어.

3. 누가 그 말을 했어? (that)

**8**

**tell - told**

~을 이야기하다 –
~를 이야기했다
(정보전달)

1. 헨리는 그 이야기를 말했어. (the story)

2. 내가 너한테 말했잖아.

3. 누가 너한테 그거 말해줬어? (that)

**9**

**know - knew**

알다 – 알았다

1. 나는 그것을 알고 있었어!

2. 그녀는 그 이야기를 알고 있었어.

**10**

**understand - understood**

이해하다 –
이해했다

1. 나는 너를 이해했어.

2. 그는 그들을 이해했어.

3. 우리는 그 규칙을 이해했어. (rule)

**11**

**drive - drove**

운전하다 –
운전했다

1. 나 어제 운전했어.

2. 리엄은 운전해서 직장에 갔어.

3. 그녀는 운전해서 학교에 갔어.

4. 누가 어제 내 차 운전했어?

## 12

**have - had**
가지고 있다/ 먹다
- 가지고 있었다/
먹었다

1. 나 작년에 남자친구 있었어. (last year)

2. 리암은 저번 달에 여자친구 있었어.

3. 그녀는 지난주에 감기 걸렸어.

4. 지난주에 누가 코로나 걸렸죠?

5. 에바는 아침을 먹었어.

## 13

**take - took**
ⓐ 가져가다
ⓑ 대중교통을 타다
ⓒ 목욕을 하다
ⓓ 시간이 걸리다
-
ⓐ 가져갔다
ⓑ 대중교통을 탔다
ⓒ 목욕을 했다
ⓓ 시간이 걸렸다

1. 루시아는 수업을 들었어.

2. 나는 버스를 타고 직장에 갔어.

3. 그는 어제 샤워했어.

4. 그들은 공원에서 산책했어. (in the park)

5. 시간이 오래 걸렸어.

## 14

**keep - kept**
계속하다 -
계속했다

1. 헨리는 계속 공부했어.

2. 우리는 어제 계속 영화를 봤어.

3. 나 계속 걸었어.

## 15
**buy - bought**
사다 – 샀다

1. 그녀는 너한테 매일 점심을 사줬잖아.

2. 헨리는 어제 생일 선물 샀어.

3. 누가 너한테 저녁 사줬어?

## 16
**give - gave**
주다 – 줬다

1. 내가 너한테 이거 준거잖아.

2. 에바는 그에게 편지를 줬어.

3. 그들은 너에게 두 번째 기회를 줬어.

4. 누가 너한테 이거 줬어?

## 17
**make - made**
만들다 – 만들었다

1. 내가 아침을 만들었어.

2. 무엇이 너를 웃게 했어?

3. 나는 그에게 쿠키를 만들어줬어.

## 18
**write - wrote**
쓰다 – 썼다

1. 헨리는 에바에게 매주 편지를 썼어.

2. 나는 어제 나의 상사에게 이메일을 썼어.

3. 누가 이거 쓴 거죠?

**19**

**bring –
brought**
가져오다 –
가져왔다

1. 나는 학생들에게 항상 쿠키를 가져다줬어.

2. 그는 어제 점심을 직장에 가지고 왔어.

3. 그들은 나에게 음식을 가지고 왔었어.

**20**

**hang out –
hung out**
놀다 – 놀았다

1. 우리는 그들과 놀았어.

2. 나 그녀랑 어제 놀았어.

3. 헨리는 지난밤 나랑 놀았어.

**21  drink –
     drank**
ⓐ 마시다
ⓑ 술을 마시다 –
ⓐ 마셨다
ⓑ 술을 마셨다.

1. 나 어제 술 많이 마셨어. (a lot)

2. 나 커피 이미 마셨어. (already)

**22**

**eat – ate**
먹다 – 먹었다

1. 누가 내 케이크 먹었어?

2. 내가 그거 먹었어.

3. 그녀가 그거 먹었어.

## 23

**eat out -
ate out**

외식하다 – 외식했다

1. 그녀는 어제 외식했어.

2. 우리는 어제 외식했어.

## 24

**go on a trip
- went on a
trip**

(짧은) 여행을 가다
– 여행을 갔다

1. 이번 주에 누가 여행을 갔니?

2. 우리는 저번 주에 여행을 갔어.

3. 그들은 어제 여행을 갔어.

# 일반동사 과거 ― 의문문/부정문

1. 부정문을 만들 때에는 주인공(주어)와 동작(동사) 사이에 숨어있는 did 뒤에 not을 붙여서 만듭니다. 주인공(주어)의 인칭에 관계없이 did를 사용합니다!

2. 의문문을 만들 때에는 주인공(주어)과 관계없이 did를 문장 맨 앞에 꺼낸 뒤 뒤에 있는 동사를 원래 형태(원형)으로 만들어 주면 돼요!

3. 부정의문문을 만들 때는 Did not을 반드시 줄인 형태로 사용합니다.

| 부정 의문문 |
| :---: |
| Didn't I |
| Didn't we / Didn't you / Didn't they |
| Didn't he / Didn't she / Didn't it |
| Didn't my friends / Didn't the teachers... |
| Didn't my mom / Didn't the boy |

**1**

**ago**
(특정 시간) 전에

1. 나 1시간 전에 저녁 먹었어.

2. 나는 3시간 전에 요리하기 시작했어.

3. 그녀는 2주 전에 차 샀어.

4. 30분 전에 눈 왔어.

5. 10분 전에 비 왔어?

**2**

**before**
(그냥 지금) 이전에

1. 우리는 전에 이 영화 봤어.

2. 나는 전에 에바를 봤어.

3. 내가 이전에 너한테 말했잖아!

4. 그녀는 이거 이전에 들었어.

5. 너 그 영화 전에 거기 갔어?

6. 그녀는 점심 전에 공원에 갔어.

**3**

**yesterday**
어제

1. 어제 저녁으로 뭐 먹었어? (for dinner)

2. 나는 어제 저녁으로 과일 먹었어. (fruit)

3. 그녀는 어제 아무것도 안 먹었어. (anything)

4. 헨리는 어제 일찍 집에 왔어?

5. 그들은 어제 과일을 샀어?

6. 너 어제 누구랑 걸었어?

**4**

**the day before yesterday**
엊그제

1. 나는 엊그제 영화를 봤어.

2. 너희 엊그제 어디서 영화 봤어?

3. 왜 에바는 엊그제 집에 안 왔어?

4. 헨리는 엊그제 어디 갔니?

5. 그들은 엊그제 어디로 조깅 갔어?

6. 우리는 엊그제 외식했어.

## 5
**last**
지난

1. 너 작년에 왜 거기 갔어?

2. 에바는 지난밤 어디로 조깅을 갔어?

3. 누가 지난밤에 내 방 치웠어?

4. 너 왜 지난달 그 파티에 안 왔어?

5. 헨리 지난주에 어디로 짧은 여행 갔어?

6. 나 지난 주말에 쇼핑했어. (weekend)

1  그들은 매일 밤 일찍 잠자러 가.

2  왜 너는 헨리와 이야기하는 것을 즐겨?

3  에바는 종종 친구들과 함께 외식해.

4  너는 이것을 알고 있었니?

5  너 그 영화 전에 거기 갔어?

6  나는 절대로 담배를 피우지 않는다.

7  누가 널 봤어?

8  우리는 매일 아침 양치질을 한다.

9  나는 전에 에바를 봤어.

10  그는 작년에 운동하는 것을 즐겼어.

11  너는 무엇을 원하니?

12  이해가 가지 않아.

13  헨리 어젯밤에 운동하지 않았니?

14  어, 운동 안 했어.

15  너 보통 누구랑 점심을 먹어?

16  나는 3시간 전에 요리하기 시작했어.

**17** 나는 지난밤 편지를 썼어.

**18** 그들은 매주 토요일에 청소한다.

**19** 우리는 지난주에 외식했다.

**20** 그녀는 나한테 선물을 줬어.

**21** 그녀는 왜 그를 싫어해?

**22** 나 어제 친구들과 함께 영화를 봤어.

**23** 그들은 매년 긴 여행을 가.

**24** 너는 어떤 색을 싫어하니?

**25** 우리는 매주 일요일에 외식해.

**26** 왜 너는 그 영화를 다시 보고 싶은데? (again)

**27** 그녀는 이전에 그거 들었어.

**28** 그녀 어제 술을 마시지 않았니?

**29** 어, 마셨지.

**30** 이 책을 사고 싶어요.

**31** 너는 어제 운전하지 않았니?

**32** 응, 안 했어.

**33** 헨리는 매일 저녁을 요리해.

34 어제 눈이 왔어.

35 너 언제 샤워했어?

36 그녀는 점심 전에 공원에 갔어.

37 누가 매일 운동하니?

38 누가 이 책을 가져왔니?

39 그녀는 일을 계속했다.

40 너 누구를 기다렸어?

41 어디에서 눈이 왔어?

42 에바는 어제 운전해서 직장에 갔어.

43 그녀는 누구랑 외식했어?

44 그녀가 헨리랑 외식했어?

45 그녀는 헨리랑 외식 안 했어.

46 나 1시간 전에 저녁 먹었어.

47 우리는 전에 이 영화 봤어.

48 그들은 종종 함께 놀아.

49 그녀는 2주 전에 차 샀어.

50 그녀는 왜 가족이랑 외식 안 했어?

**51** 아냐, 했어.

**52** 에바는 일주일에 두 번 운동한다.

**53** 우리는 5분 전에 손을 씻었다.

**54** 나는 커피를 마셨어.

**55** 내가 이전에 너한테 말했잖아!

**56** 너 어제 누구랑 놀았어?

**57** 우리는 작년에 새로운 책들을 샀어.

**58** 그는 거의 운동을 하지 않는다.

**59** 왜 에바는 일을 계속하지 않았니?

**60** 나는 거의 운동 안 해.

**61** 우리는 영화를 보는 것을 즐겼다.

**62** 너 언제 양치했어?

**63** 나 1시간 전에 양치했어.

**64** 그들은 절대 외식 안 해.

**65** 그는 항상 나를 기다려.

**66** 그녀가 지난주에 너한테 말 안 했어?

**67** 어, 말 안 했어.

**68** 누가 이거 샀어?

**69** 우리는 종종 밤에 산책하러 간다. (at night)

**70** 헨리 엊그제 누구랑 운동했어?

**71** 에바는 어젯밤에 친구들과 술을 마셨어.

**72** 그녀는 어제 누구랑 영화를 봤어?

**73** 우리는 어젯밤에 영화를 봤어.

**74** 엊그제 너 학교 가지 않았어?

**75** 에바가 어제 운전했어.

**76** 나는 지난달 새로운 휴대폰을 샀다.

**77** 그들은 양치질했다.

**78** 헨리는 어젯밤에 일찍 자러 갔다.

**79** 그녀는 어디서 커피를 마셨어?

**80** 우리는 너 들었어.

**81** 그는 작년에 여자친구가 있었어.

**82** 누가 내 차 운전했어?

**83** 헨리는 매일 아침 일찍 일어난다.

**84** 어제 너는 저녁으로 무엇을 먹었니?

85 우리는 가끔 우리 가족과 함께 짧은 여행을 가.

86 너 어디 가고 싶은데?

87 그들은 언제 운동을 시작해?

88 나는 그에게 비밀을 말했다. (the secret)

89 그들은 어제 어디에서 외식했니?

90 우리는 매일 조깅해.

91 너 누구랑 놀고 싶어?

92 나 내 친구들이랑 놀고 싶어.

93 너 지난 주말에 친구들과 놀지 않았니?

94 어, 안 놀았어.

95 나는 내 일을 싫어했어.

96 너는 이거 어떻게 청소하는데?

97 그들은 지난 주말에 친구들과 함께 놀았다.

98 너는 누구랑 영화를 보고 싶어?

99 그들은 그것을 이해했어.

100 그는 어떤 종류의 커피를 마셨니?

# 영어 전치사 =:= 한국어 조사?

전치사는 한국어의 조사 같은 느낌이에요.

| 너는 목소리도 멋지다. | 너는 목소리는 멋지다. |
|---|---|

두 문장을 외국인이 들었다면 둘 다 목소리 멋지다고 하는 표현으로만 생각할거에요. 하지만 한국인인 우리들은 두 번째 문장을 들으면 아주 기분이 나쁘죠! 왜냐하면 목소리"는" 멋지다는 표현은 목소리를 제외한 나머지는 멋지지 않다는 느낌을 받잖아요!

전치사도 마찬가지입니다.

| to는 ~로 향하는 느낌 | with는 ~와 함께하는 느낌 |
|---|---|
| at은 과녁의 느낌이니까 시계바늘 같은 느낌을 생각해 보세요. | |
| in은 긴 시간을 의미하죠. | on은 ~위에 닿아있는 느낌이에요. |

그래서 at 뒤에는 시간, in 뒤에는 계절, 달, 년도가 오고 on은 달력 위에 쓸 거라서 특별한 날이나 요일이 나옵니다.

last, every, this, next가 들어가면 전치사를 쓰지 않습니다!

today, yesterday, tomorrow도 역시 전치사를 쓰지 않습니다.

## 1

**study –
studied**
공부하다 (특정
주제를 깊이
이해하다) –
공부했다

1. 8시에 공부 시작하자!

2. 왜 그녀는 항상 7시에 매일 공부를 해?

3. 그들은 매주 목요일에 함께 공부해. (together)

4. 나 전날 밤 열심히 공부했어. (hard)

5. 우리는 지난 일요일에 공부했어.

6. 어떻게 너는 토요일에 공부해?

## 2

**learn –
learned**
배우다 (새로운
것을 습득하다) –
배웠다

1. 나는 여름마다 새로운 레시피를 배워. (recipes)

2. 에바는 수요일에 미술을 배워. (art)

3. 그들은 지난 가을에 미술을 배웠어?

4. 나 내 생일에 이거 배웠어.

5. 나는 영어를 8시에 매일 배워.

6. 누가 이걸 겨울에 배워?

**tips!**
계절 앞에는 in을 붙입
니다.

그러나 last나 every가
있다면 in을 붙이지 않
아요!

## 3
### meet - met
만나다 – 만났다

.......................... tips!

on weekends는 주말
마다

on the weekend는
반복되는 주말이 아니
고 특정한 주말을 말
해요. (토요일 일수도
일요일 일수도 있어요.)

1. 우리는 항상 크리스마스에 만나.

2. 그는 금요일에 그녀를 만나.

3. 너 주말마다 친구들 항상 만나지 않아?

4. 헨리는 매일 9시에 그녀를 만나.

5. 어떻게 그녀는 항상 매 주말에 친구들과 만나?

6. 나는 그녀를 매 여름 만나.

## 4
### call - called
전화하다 –
전화했다

1. 그녀는 그녀의 생일에 친구들에게 전화해.

2. 그는 6시에 부모님께 전화해.

3. 에바는 주말에 친구한테 전화했어.

4. 나 어제 너한테 전화했어.

5. 너 왜 나한테 금요일에 전화했어?

6. 그녀가 왜 7시에 전화 안 했지?

## 5

**in the morning**
아침에

1. 헨리는 아침에 항상 조깅을 해.

2. 우리는 아침에 아침 식사를 요리해.

3. 그녀는 종종 아침에 외식해.

4. 너는 항상 아침에 커피를 마셔?

5. 나는 아침 일찍 학교 가는 게 싫어.

6. 누가 나를 아침에 만나고 싶어 해?

## 6

**in the afternoon**
오후에

1. 너네 어떻게 오후에 잤어?

2. 나 그거 오후에 샀어.

3. 우리는 보통 오후에 산책해.

4. 그녀는 항상 오후에 음악을 들어?

5. 헨리는 종종 오후에 운동해.

6. 너 왜 우리랑 오후에 산책 안 했어?

**7**

**at night**
밤에

1. 너네는 밤에 어디서 외식했어?

2. 에바는 밤에 친구들과 놀았어.

3. 그녀는 어떻게 밤에 운전하는 것을 좋아하지 않아?

4. 그들은 밤에 자러 갔어.

5. 우리는 밤에 운동하는 걸 좋아해.

6. 나는 항상 늦은 밤에 뭔가 먹어. (something)

# [미래] will : ~할 예정이다

1. 일반동사나 be동사는 현재형과 과거형이 있지만 미래형은 따로 없어요. 그래서 우리는 조동사에서 will을 빌려서 사용합니다. 그래서 미래형은 will 뒤에 동사원형으로 나타낼 수 있어요.

2. will은 조동사기 때문에 주어와 관계없이 "will"로 통일합니다.

3. 부정문을 쓸 때는 will 뒤에 not을 붙여서 나타내고 이것은 won't로 줄여서 사용 가능합니다.

4. 의문문을 쓸 때는 조동사인 will을 앞으로 꺼내서 문장을 만들어 주면 됩니다.

5. 부정의문문을 만들 때는 will not을 반드시 줄인 형태로 사용합니다.

| 부정 의문문 | |
|---|---|
| Won't I | Won't my friends / Won't the teachers... |
| Won't we / Won't you / Won't they | Won't my mom / Won't the boy |
| Won't he / Won't she / Won't it | |

**1**

**the day after tomorrow**
내일모레

1. 우리 내일모레 외식할 거야.

2. 너 내일모레 우리랑 놀래?

3. 헨리는 내일모레 목욕할 거야.

4. 나 내일모레는 점심 안 가져올래.

5. 너 내일모레 나랑 파티 안 갈래?

**2**

**next**
다음

1. 우리는 다음달에 새집을 살 거야.

2. 너 내년에 나랑 운동할래?

3. 나는 다음번엔 너 안 기다릴 거야. (time)

4. 우리 다음주에 놀 거야?

5. 너 다음달에 내 부모님 볼래?

**3**

**later**
나중에

1. 나 나중에 공부할 거야.

2. 그녀는 나중에 산책할 거야.

3. 내가 나중에 얘기할게!

4. 그가 나중에 나한테 편지를 쓸까?

5. 너 나중에 이거 필요할 거야.

**4**
**meet**
만나다

1. 나는 내일 그녀를 만날 거야.

2. 너네 에바 언제 만날 거야?

3. 우리는 내일 3시에 우리 친구들 만날 거야.

4. 너희 어디서 만나?

5. 걔네 내일 3시에 만나는 거 아냐?

**5**
**call**
전화하다

1. 그녀는 내일 9시에 너한테 전화할 거야.

2. 헨리가 오후에 전화할 거야.

3. 너 나한테 내일 아침 일찍 전화해줄래?

4. 너 몇 시에 나한테 전화할 거야?

5. 우리 언제 에바한테 전화할 거야?

**6**

**go on a trip**
(짧은) 여행을 가다

1. 너희 언제 여행 갈 거야?

2. 우리 내년에 여행 갈 거야.

3. 우리는 여행 안 갈 거야.

4. 그들은 여행 안 갈 거래?

5. 에바는 어디로 여행 갈 거래?

**7**

**buy**
사다

1. 내가 너한테 점심 사줄게.

2. 너 이거 어떻게 살 건데?

3. 그들은 오늘 너한테 점심 사주지 않을 거야.

4. 누가 이걸 사겠어?

5. 우리 차 언제 살 거야?

**8**

**eat out**
외식하다

1. 우리 내일모레 외식할 거야.

2. 그들은 오늘 밤 외식하지 않을 거야.

3. 그들은 오늘 밤 외식 안 할 거래?

4. 너는 내일 어디서 외식할 거야?

5. 에바는 언제 친구들이랑 외식할 거래?

You will need this later.
너 나중에 이거 필요할거야.

## Chapter 16

# [가능] can : ~할 수 있다

1. 조동사는 원래 동사에 조동사를 붙여 동사를 도와 의미를 확장해주는 역할을 해요.

2. 조동사는 주어와 상관없이 원형을 사용하고 조동사 뒤에는 동사원형이 나옵니다.

3. 조동사의 부정문은 조동사 뒤에 not을 붙여서 만듭니다.

4. 조동사의 의문문은 조동사를 문장 앞에 꺼내서 만듭니다.

5. 능력이나 가능을 나타낼 때 can을 사용합니다. 허락을 구하는 표현에서도 can을 사용할 수 있습니다. Can I ~ 이렇게요!

| |
|---|
| Can I sit here? : 제가 여기 앉아도 되나요? |
| You can sit here. : 여기 앉아도 돼요. |
| I can swim. : 나는 수영할 수 있어. |

6. can의 부정형 can not은 할 수 없다, 혹은 하면 안 된다. 라는 표현입니다.

7. 부정의문문을 만들 때는 can not을 반드시 줄인 형태로 사용합니다.

| 부정 의문문 |
|---|
| Can't I |
| Can't we / Can't you / Can't they |
| Can't he / Can't she / Can't it |
| Can't my friends / Can't the teachers... |
| Can't my mom / Can't the boy |

**1**
**finish**
끝내다

1. 너 이거 언제 끝낼 수 있어?

2. 나는 내 숙제 내일 못 끝내. (homework)

3. 그녀는 이거 지금 끝낼 수 있어.

4. 어떻게 헨리가 이걸 혼자 끝낼 수 있어? (alone)

5. 너 이거 지금 못 끝내?

**2**
**park**
주차하다

1. 제가 여기에 주차해도 되나요?

2. 여기다 주차하시면 안 돼요.

3. 어디에 제가 주차할 수 있나요?

4. 저기에 주차할 수 있어요. (over there)

5. 제가 여기에 주차하면 안 되나요?

**3**
**smoke**
담배 피다

1. 제가 여기서 담배 피워도 되나요?

2. 여기서 담배 피우시면 안 돼요.

3. 어디서 제가 담배 피울 수 있나요?

4. 저기서 담배 피울 수 있어요.

5. 언제 제가 담배 피울 수 있나요?

## 4
**use**
사용하다

1. 제가 이거 사용해도 돼요?

2. 이거 사용해도 돼요.

3. 이거 지금 사용하시면 안 돼요.

4. 언제 제가 이걸 사용할 수 있을까요?

5. 내일모레 사용하실 수 있어요.

## 5
**have**
가지다

1. 제가 이거 가져도 되나요?

2. 너는 내 컴퓨터를 가질 수 없어.

3. 제가 이거 가지면 안 되나요?

4. 네, 안됩니다.

5. 아니요, 돼요.

**6**

**go**
가다

1. 나 거기 가도 돼?

2. 내가 언제 거기 가도 돼?

3. 내가 거기 어떻게 갈 수 있어?

4. 나 거기 못가.

5. 너 거기 나랑 같이 못가?

**7**

**drive**
운전하다

1. 너 운전할 수 있어?

2. 너 어떻게 운전할 수 있어?

3. 너 운전 못해?

4. 제가 언제 운전할 수 있나요?

5. 너 얼마나 오래 운전할 수 있어?

# [개인 의무] have to : ~해야 한다

1. 의무를 나타낼 때는 have to를 사용합니다. have to는 일반적인 일이나, 개인적인 책임과 함께 쓰입니다.

| You have to wake up early. : 너는 일찍 일어나야 해. |
| :---: |

2. have to는 일반동사처럼 의문문과 부정문을 만들어주시면 됩니다.

3. have는 조동사가 아니기 때문에 3인칭 단수 현재에서 형태가 바뀌는 것을 주의해 주세요!

| 나는 가야 돼. I have to go. | 그녀는 가야 돼. She has to go. |
| :---: | :---: |

4. have to의 부정형 don't/doesn't have to는 ~할 필요가 없다는 뜻으로 don't/doesn't need to와 같은 뜻을 갖습니다.

| You don't have to come here. : 너는 여기 올 필요 없어. |
| :---: |

★ 하면 안 된다! 라는 뜻이 절대 아니라는 점 꼭 기억해 주세요!

have to go

You don't have to

**1**

**work**
일하다

1. 나 내일 일해야 돼.

2. 너 내일 일해야 돼?

3. 헨리는 내일 일할 필요 없어.

4. 헨리 내일 일해야 돼?

5. 너 언제 일해야 돼?

6. 누가 내일 일해야 돼?

**2**

**try**
시도하다

1. 너 이거 시도해 봐야 돼.

2. 내가 왜 이거 시도해 봐야 돼?

3. 에바는 이거 시도해 봐야 돼. 그녀는 이걸 좋아할 거야.

4. 우리는 이거 시도해 볼 필요 없어.

5. 얼마나 많이 (몇 번이나) 우리 시도해 봐야 돼? (how many times)

**3**

**read**
읽다

1. 우리는 이거 읽을 필요 없어.

2. 우리가 이걸 왜 읽어야 돼?

3. 그는 너의 편지를 읽어야 돼.

4. 나는 이걸 내일 읽어야 돼.

5. 헨리는 이걸 읽을 필요가 없어.

**4**

**pay**
지불하다

1. 제가 언제 지불해야 하나요?

2. 지불하실 필요 없어요.

3. 누가 지불해야 돼?

4. 에바가 지불해야 돼.

5. 헨리는 지불할 필요 없어.

**5**

**come**
오다

1. 너 올 필요 없어.

2. 내가 갈 필요 없어?

3. 나 왜 갈 필요 없어?

4. 에바는 와야 돼.

5. 누가 와야 돼?

**6**

**wash**
씻다

1. 너는 저녁 전에 손 씻어야 돼. (before)

2. 그녀는 손 씻을 필요 없어.

3. 제가 손 씻어야 하나요?

4. 에바는 손을 씻어야 돼.

5. 제가 얼마나 자주 손을 씻어야 하나요?

**7**

**play**
(아이나 동물과)
놀다

1. 내가 그 아이들이랑 놀아야 돼? (children)

2. 내가 언제 그 아이들이랑 놀아야 돼?

3. 내가 얼마나 오래 그 아이들이랑 놀아야 돼?

4. 그는 매일 그 아이들이랑 놀아야 돼.

5. 너는 그 아이들이랑 놀 필요 없어.

**8**

**help**
도와주다

1. 나는 부모님을 도와줘야 돼.

2. 너는 언제 부모님을 도와줘야 돼?

3. 에바가 왜 너를 도와줘야 돼?

4. 헨리는 나를 도와줄 필요 없어.

5. 내가 얼마나 오래 너를 도와줘야 하니?

I have to read this tomorrow.
나는 이걸 내일 읽어야 돼.

1 내일 비가 올 거야.

2 너 언제 양치할 거니?

3 우리는 내일 하이킹 갈 거야.

4 나는 아무것도 안 살 거야.

5 나는 산책할 거야.

6 그들은 주말에 친구들과 놀 수 있어.

7 그는 이걸 꼭 알아야 해.

8 그가 이걸 꼭 알아야 해?

9 그는 이걸 알 필요 없어.

10 우리가 내일 그와 만날 수 있을까?

11 너는 술을 너무 많이 마실 수 없어. (too much)

12 그들은 외식하지 않을 거야.

13 그들은 집에서 요리할 거야.

14 내일 우리 짧은 여행을 갈 수 있을까?

15 제가 어디에 주차할 수 있나요?

16 누가 지불할거야?

**17** 그는 매일 공부해야 돼.

___

**18** 너는 매일 양치해야 돼.

___

**19** 에바는 헨리를 기다리지 않아도 돼.

___

**20** 내가 얼마나 오래 너를 기다려야 하니?

___

**21** 너 밤에 올 수 있어?

___

**22** 너 언제 올 수 있어?

___

**23** 내가 너를 언제 만날 수 있어?

___

**24** 내가 내일 뭐 가져와야 돼?

___

**25** 에바는 내일 헨리랑 커피 마실 거래.

___

**26** 내가 이거 왜 못사는데?

___

**27** 그녀가 어떻게 이렇게 빨리 배울 수 있어? (so)

___

**28** 그녀는 고양이를 좋아하게 될 거야.

___

**29** 그는 새로운 핸드폰을 사야 돼.

___

**30** 나 너 들을 수 있어.

___

**31** 너 나 들을 수 있어?

___

**32** 나는 일주일에 두 번은 운동해야 돼.

___

**33** 그녀는 얼마나 자주 운동해야 돼?

___

**34** 그는 운동할 필요 없어.

**35** 너 어떻게 계속 공부할 수 있어?

**36** 우리는 아침에 물을 마셔야 돼.

**37** 누가 날 도와줄 수 있니?

**38** 너 언제 나 도와줄 수 있어?

**39** 우리 언제 놀 수 있어?

**40** 우리 오늘 밤엔 못 놀아.

**41** 우리 이번 주말에 놀 수 있어?

**42** 누가 올 수 있니?

**43** 나 너 볼 수 있어.

**44** 너 나 볼 수 있어?

**45** 너 언제 공부할 거야?

**46** 나 공부해야 돼?

**47** 너 공부해야 돼.

**48** 너 내일 시험 있잖아. (test)

**49** 그녀는 내일 9시에 너한테 전화할 거야.

**50** 헨리가 오후에 전화할 거야.

**51** 너 몇 시에 나한테 전화할 거야?

**52** 우리 언제 에바한테 전화할 거야?

**53** 에바는 내일 일찍 출근해야 돼.

**54** 우리는 이번 여름에 짧은 여행을 가야 돼. (this summer)

**55** 너 나한테 나중에 전화해 줄 수 있어?

**56** 너 오늘 밤 외식할 수 있어?

**57** 내가 오늘 밤 지불할 거야.

**58** 그는 오늘 운전할 수 없어.

**59** 내일 아침 일찍 일할 거야.

**60** 누가 나를 들어줄까?

**61** 누가 나를 이해할까?

**62** 나 나중에 손 씻을 거야.

**63** 그는 언제 나를 이해할까?

**64** 내가 오늘 밤 운전할게.

**65** 너는 오늘 밤 운전할 필요 없어.

**66** 너 운전할 수 있어?

**67** 너 운전 못해?

68    너 계속 운전할 수 있어?

69    너 이거 싫어할 거야.

70    우리 언제 저녁 먹을 거야?

71    제가 여기서 담배 피워도 되나요?

72    여기서 담배 피우시면 안 돼요.

73    어디서 제가 담배 피울 수 있나요?

74    당신은 지금은 담배 피우실 수 없어요.

75    저기서 담배 피울 수 있어요. (over there)

76    얼마나 오래 걸리나요?

77    오래 안 걸릴 거예요.

78    오래 걸릴 거예요.

79    헨리는 나를 기다려야 해.

80    왜 헨리가 너를 기다려야 돼?

81    그는 나를 기다릴 필요 없어.

82    나 혼자 갈 수 있어. (alone)

83    너 언제 잘 거야?

84    나 지금 잘 거야.

**85** 너 지금 잘 거야?

**86** 너 왜 지금 잘 거야?

**87** 나는 헨리를 도와줘야 돼.

**88** 너는 언제 그를 도와줘야 돼?

**89** 에바가 왜 너를 도와줘야 돼?

**90** 헨리는 나를 도와줄 필요 없어.

**91** 내가 얼마나 오래 너를 도와줘야 하니?

**92** 누가 나한테 그 이야기를 말해줄 수 있을까? (the story)

**93** 그녀는 너한테 그 이야기를 말해줄 수 있어.

**94** 제가 여기에 주차해도 되나요?

**95** 여기다 주차하시면 안 돼요.

**96** 어디에 제가 주차할 수 있나요?

**97** 저기에 주차할 수 있어요.

**98** 제가 여기에 주차하면 안 되나요?

**99** 내가 나중에 얘기할게!

**100** 너 나중에 이거 필요할 거야.

# 총복습 - conversation

**Unit 1**

A 헨리가 다음주에 파티 할거야. 너 갈 거야?
B 나 모르겠어. 너 갈 거야?
A 응, 나 거기 내 여자친구랑 갈 거야.
B 나 여자친구 없어.
A 너는 거기서 새로운 사람들을 만날 거야.
B 나는 거기서 새로운 여자친구를 만나고 싶어.

**Unit 2**

A 우리 저녁식사 후에 산책할 수 있을까?
B 나도 산책하고 싶었어.
A 어디로 가고 싶어?
B 공원으로 가고 싶어.
A 얼마나 오래 걸려?
B 오래 걸리지 않을 거야.

---

**Unit 1**

A Henry will have a party next week. Will you go?
B I don't know. Will you go?
A Yes, I will go there with my girlfriend.
B I don't have a girlfriend.
A You will meet new people there.
B I want to meet a new girlfriend there.

**Unit 2**

A Can we take a walk after dinner?
B I wanted take a walk too.
A Where do you want to go?
B I want to go to the park.
A How long does it take?
B It won't take long.

## Unit 3

Ⓐ 저거 볼 수 있어?

Ⓑ 뭐?

Ⓐ 너 저 남자 볼 수 없어? (that man)

Ⓑ 나 아무것도 볼 수 없어.

Ⓐ 왜 아무것도 볼 수 없어?

Ⓑ 나 내 안경을 가지고 있지 않아.

## Unit 4

Ⓐ 누가 TV 봤니?

Ⓑ 내가 오늘 아침에 TV 봤어.

Ⓐ 너 일 안 했어?

Ⓑ 어, 나 일 안 했어.

Ⓐ 왜 일 안 했어?

Ⓑ 일요일이잖아!

| Unit 3 | Unit 4 |
|---|---|
| Ⓐ Can you see that? | Ⓐ Who watched TV? |
| Ⓑ What? | Ⓑ I watched TV this morning. |
| Ⓐ Can't you see that man? | Ⓐ Didn't you work? |
| Ⓑ I can't see anything. | Ⓑ No, I didn't work. |
| Ⓐ Why can't you see anything? | Ⓐ Why didn't you work? |
| Ⓑ I don't have my glasses. | Ⓑ It's Sunday! |

## Unit 5

Ⓐ 너 마리아 좋아해?

Ⓑ 누가 그거 너한테 말해줬어?

Ⓐ 에바가 나한테 말해줬어.

Ⓑ 그녀가 어떻게 알았지?

Ⓐ 헨리가 에바한테 말했어.

Ⓑ 헨리는 비밀을 못 지키는구나. (keep a secret)

## Unit 6

Ⓐ 누가 커피 마시고 싶니?

Ⓑ 나 커피 좀 원해.

Ⓐ 에바도 커피 마시고 싶대? (too)

Ⓑ 아니, 그녀는 커피 안 마셔.

Ⓐ 그녀는 뭘 마시니?

Ⓑ 그녀는 차를 마셔.

| Unit 5 |
| --- |
| Ⓐ Do you like Maria? |
| Ⓑ Who told you that? |
| Ⓐ Eva told me. |
| Ⓑ How did she know? |
| Ⓐ Henry told Eva. |
| Ⓑ Henry can't keep a secret. |

| Unit 6 |
| --- |
| Ⓐ Who wants to drink coffee? |
| Ⓑ I want some coffee. |
| Ⓐ Does Eva want to drink coffee too? |
| Ⓑ No, she doesn't drink coffee. |
| Ⓐ What does she drink? |
| Ⓑ She drinks tea. |

**Unit 7**

Ⓐ 너는 보통 얼마나 자주 샤워해?

Ⓑ 나는 하루에 두 번 샤워해.

Ⓐ 그럼, 얼마나 오래 샤워를 하는데? (then)

Ⓑ 30분 동안 샤워를 해. (for)

Ⓐ 너 정말 샤워하는 것을 좋아하는구나.

Ⓑ 응, 나는 따듯한 물을 즐겨. (the warm water)

 **Unit 8**

Ⓐ 너 왜 계속 창문 밖을 보고 있니? (look out)

Ⓑ 오늘 눈이 올까?

Ⓐ 응, 올 거야. 왜?

Ⓑ 나 오늘 운전해야 돼.

Ⓐ 너는 서둘러야 해. 곧 눈이 올거야. (hurry up)

Ⓑ 그럴 거야.

---

**Unit 7**

Ⓐ How often do you usually take a shower?

Ⓑ I take a shower twice a day.

Ⓐ Then, how long do you take a shower?

Ⓑ I take a shower for 30 minutes.

Ⓐ You really like taking showers. / You really like to take showers.

Ⓑ Yes, I enjoy the warm water.

**Unit 8**

Ⓐ Why do you keep looking out the window?

Ⓑ Will it snow today?

Ⓐ Yes, it will. Why?

Ⓑ I have to drive today.

Ⓐ You have to hurry up. It will snow soon.

Ⓑ I will.

## Unit 9

A 너 얼마나 자주 외식해?

B 일주일에 세 번 외식해.

A 얼마나 자주 집에서 요리하는데?

B 나는 요리 안 해. 헨리가 요리해.

A 헨리 요리하는 거 좋아하니?

B 그는 요리하는 것을 즐겨.

## Unit 10

A 나는 너와 저녁을 먹고 싶어.

B 너는 언제 저녁을 먹고 싶니?

A 너 내일모레 시간 있어?

B 응, 있어.

A 너의 집에 7시에 갈게. (your house)

B 알았어, 너를 기다릴게.

---

**Unit 9**

A How often do you eat out?

B I eat out three times a week.

A How often do you cook at home?

B I don't cook. Henry cooks.

A Does Henry like cooking? / Does Henry like to cook?

B He enjoys cooking.

---

**Unit 10**

A I want to have dinner with you.

B When do you want to have dinner?

A Do you have time the day after tomorrow?

B Yes, I do.

A I will come to your house at 7.

B Okay, I will wait for you.

**Unit 11**

Ⓐ 누가 이 샌드위치를 가져왔니?

Ⓑ 제가 그것을 가져왔어요.

Ⓐ 니가 그것을 만들었니?

Ⓑ 아니요, 안 만들었어요. 저는 그것을
슈퍼마켓에서 샀어요. (at the supermarket)

Ⓐ 이거 언제 샀는데?

Ⓑ 저는 그것을 엊그제 샀어요.

 **Unit 12**

Ⓐ 그녀한테 어제 이메일 하나를 쓰셨나요?

Ⓑ 아니요, 안 했습니다. 저는 오늘 그것을 쓸 거예요.

Ⓐ 왜 그것은 안 쓰셨나요?

Ⓑ 저는 시간이 필요했어요.

Ⓐ 오늘 그것을 끝내셔야 해요.

Ⓑ 저도 알아요. 오늘 그것을 끝낼 수 있습니다.

---

**Unit 11**

Ⓐ Who brought this sandwich?

Ⓑ I brought it.

Ⓐ Did you make it?

Ⓑ No, I didn't. I bought it at the supermarket.

Ⓐ When did you buy it?

Ⓑ I bought it the day before yesterday.

**Unit 12**

Ⓐ Did you write her an email yesterday?

Ⓑ No, I didn't. I will write it today.

Ⓐ Why didn't you write it?

Ⓑ I needed time.

Ⓐ You have to finish it today.

Ⓑ I know. I can finish it today.

**Unit 13**

Ⓐ 너는 언제 산책을 하니?

Ⓑ 나는 아침에 항상 산책해.

Ⓐ 너는 헨리랑 산책하니?

Ⓑ 아니, 헨리는 거의 산책을 하지 않아.

Ⓐ 너는 보통 누구랑 산책하니?

Ⓑ 나는 가끔 에바랑 산책해.

**Unit 14**

Ⓐ 우리 얼마나 오랫동안 그녀를 기다려야 해?

Ⓑ 너는 그녀를 기다릴 필요 없어. 내가 그녀를 기다릴 거야.

Ⓐ 나 지금 집에 가도 돼? 나 자러 가고 싶어.

Ⓑ 오케이, 나 이해해. 너한테 나중에 전화할게.

Ⓐ 오케이, 나중에 나한테 전화해.

Ⓑ 이따가 얘기할게.

| Unit 13 |
| --- |
| Ⓐ When do you take a walk? |
| Ⓑ I always take a walk in the morning. |
| Ⓐ Do you take a walk with Henry? |
| Ⓑ No, Henry rarely takes a walk. |
| Ⓐ Who do you usually take a walk with? |
| Ⓑ I sometimes take a walk with Eva. |

| Unit 14 |
| --- |
| Ⓐ How long do we have to wait for her? |
| Ⓑ You don't have to wait for her. I will wait for her. |
| Ⓐ Can I go home now? I want to go to bed. |
| Ⓑ Okay, I understand. I will call you later. |
| Ⓐ Okay, Call me later. |
| Ⓑ I will talk to you later. |

**Unit 15**

Ⓐ 너 왜 어제 저녁 파티에 안 왔어?

Ⓑ 나 내 아이들과 놀아야 했어. 누가 파티에 왔니?

Ⓐ 모두가 왔어. 너 얼마나 자주 너의 아이들과 놀아?
(everyone)

Ⓑ 나 내 아이들과 매일 저녁에 놀아야 해.

Ⓐ 나 몰랐어. 다음 파티에 너 올 수 있어?

Ⓑ 응, 나는 다음 파티에 갈 거야.

 **Unit 16**

Ⓐ 우리가 언제 이것을 끝낼 수 있어?

Ⓑ 오래 걸리지 않을 거야. 왜?

Ⓐ 나는 담배를 피우고 싶어.

Ⓑ 너는 지금 담배를 피우고 싶니?

Ⓐ 나 담배 피울 수 있어?

Ⓑ 아니, 안 돼. 나중에 필 수 있어.


---

**Unit 15**

Ⓐ Why didn't you come to the party last night?

Ⓑ I had to play with my children. Who came to the party?

Ⓐ Everyone came. How often do you play with your children?

Ⓑ I have to play with my children everyday at night.

Ⓐ I didn't know. Can you come to the next party?

Ⓑ Yes, I will go to the next party.


**Unit 16**

Ⓐ When can we finish this?

Ⓑ It won't take long. Why?

Ⓐ I want to smoke.

Ⓑ Do you want to smoke now?

Ⓐ Can I smoke?

Ⓑ No, you can't. You can smoke later.

**Unit 17**

Ⓐ 너는 어떻게 직장에 가?

Ⓑ 나 버스 타고 직장에 가.

Ⓐ 너 운전해서 직장에 가지 않아?

Ⓑ 나 운전 못 해. 나는 운전하는 거 안 좋아해.

Ⓐ 왜 운전하는 거 안 좋아해?

Ⓑ 나는 버스 타는 걸 좋아해.

 **Unit 18**

Ⓐ 너 왜 어제 나한테 전화 안 했어?

Ⓑ 나 너한테 두 번 전화했어. (twice)

Ⓐ 아니, 너 안 했거든.

너 나 빼고 에바랑 놀았잖아. (without)

Ⓑ 너 그거 어떻게 알았어?

Ⓐ 나 너희 길에서 봤어.

Ⓑ 미안해.

| **Unit 17** |
| --- |
| Ⓐ How do you go to work? |
| Ⓑ I take the bus to work. |
| Ⓐ Don't you drive to work? |
| Ⓑ I can't drive. I don't like driving. / I don't like to drive. |
| Ⓐ Why don't you like driving? |
| Ⓑ I like taking the bus. / I like to take the bus. |

| **Unit 18** |
| --- |
| Ⓐ Why didn't you call me yesterday? |
| Ⓑ I called you twice. |
| Ⓐ No, you didn't. You hung out with Eva without me. |
| Ⓑ How did you know that? |
| Ⓐ I saw you on the street. |
| Ⓑ I'm sorry. |

**Unit 19**

Ⓐ 월요일이야. 나는 월요일들이 싫어.

Ⓑ 아, 나도. 나는 오늘 일하고 싶지 않아.

Ⓐ 너 오늘 짧은 여행 가고 싶어?

Ⓑ 너 어디 가고 싶은데?

Ⓐ 나 인천 가고 싶어.

Ⓑ 가자!

 **Unit 20**

Ⓐ 너 보통 몇 시에 자러 가?

Ⓑ 나는 보통 늦게 자러 가. 너는 보통 몇 시에 자러 가는데?

Ⓐ 나는 보통 일찍 자러 가. 나 아침 일찍 일해야 하거든.

Ⓑ 왜 아침 일찍 일해야 하는데?

Ⓐ 나 밤에 일하는 거 안 좋아하거든.

Ⓑ 나도 이해해.

### Unit 19

Ⓐ It's Monday. I hate Mondays.

Ⓑ Ah, me too. I don't want to work today.

Ⓐ Do you want to go on a trip today?

Ⓑ Where do you want to go?

Ⓐ I want to go to Incheon.

Ⓑ Let's go!

### Unit 20

Ⓐ What time do you usually go to bed?

Ⓑ I usually go to bed late. What time do you usually go to bed?

Ⓐ I usually go to bed early. I have to work early in the morning.

Ⓑ Why do you have to work early in the morning?

Ⓐ I don't like working at night. / I don't like to work at night.

Ⓑ I understand.

## Unit 21

Ⓐ 에바랑 나랑 이번 주말에 놀 거야.
Ⓑ 너희 어디서 놀 거야?
Ⓐ 우리 집에서 영화 볼 거야.
Ⓑ 나 가도 돼?
Ⓐ 너 와도 돼. 팝콘 좀 가져와. (some popcorn)
Ⓑ 마실 것도 필요하니? (drinks)

## Unit 22

Ⓐ 우리 종이 사야 해요.
Ⓑ 누가 지불할 건가요? 저는 지불할 수 없어요.
Ⓐ 제가 낼게요.
Ⓑ 우리 펜도 사야 하나요?
Ⓐ 네, 우리 매일 펜을 사용하잖아요.
Ⓑ 언제 문방구로 가고 싶으세요?
(a stationery store)

---

**Unit 21**

Ⓐ Eva and I will hang out this weekend.
Ⓑ Where will you hang out?
Ⓐ We will watch a movie at home.
Ⓑ Can I come?
Ⓐ You can come. Bring some popcorn.
Ⓑ Do you need drinks too?

**Unit 22**

Ⓐ We have to buy paper.
Ⓑ Who will pay? I can't pay.
Ⓐ I will pay.
Ⓑ Do we need to buy pens too?
Ⓐ Yes, we use pens everyday.
Ⓑ When do you want to go to a stationery store?

## Unit 23

Ⓐ 내 생일이야!

Ⓑ 너 뭐할 예정이야?

Ⓐ 나 헨리랑 외식할 거야.

Ⓑ 너희 어디 갈 거야?

Ⓐ 난 몰라. 헨리가 알아.

Ⓑ 너의 저녁을 즐겨!

## Unit 24

Ⓐ 너 크리스마스에 어디 갈 예정이니?

Ⓑ 나는 우리 부모님 집에 갈 예정이야.
　　너는 크리스마스에 뭐 할 예정이니?

Ⓐ 나는 캐나다로 긴 여행을 갈 거야.

Ⓑ 와우! 너 누구랑 여행 갈 예정인데?

Ⓐ 나는 내 남자친구랑 여행 갈 예정이야.

Ⓑ 너는 항상 너의 남자친구랑 여행 가는구나.

### Unit 23

Ⓐ It's my birthday!

Ⓑ What will you do?

Ⓐ I will eat out with Henry.

Ⓑ Where will you go?

Ⓐ I don't know. Henry knows.

Ⓑ Enjoy your dinner.

### Unit 24

Ⓐ Where will you go on Christmas?

Ⓑ I will go to my parent's house. What will you do on Christmas?

Ⓐ I will travel to Canada.

Ⓑ Wow! Who will you travel with?

Ⓐ I will travel with my boyfriend.

Ⓑ You always travel with your boyfriend.

## Unit 25

Ⓐ 나는 항상 여름에 긴 여행을 가.

Ⓑ 나 여행 가는 거 사랑해. 너는 보통 어디로 여행을 가니?

Ⓐ 나는 보통 동남아로 여행을 가. (South East Asia)

Ⓑ 나 베트남 정말 좋아했어. 나는 거기 3번 갔었어.

Ⓐ 나도 베트남 가고 싶어.

이번 여름에 거기에 갈 거야.

Ⓑ 너는 거기를 사랑하게 될 거야.

## Unit 26

Ⓐ 너는 얼마나 자주 술을 마셔?

Ⓑ 나 거의 술 안 마셔. 그런데 지난 토요일에
나는 친구들이랑 술을 마셨어.

Ⓐ 오, 어디 갔었어?

Ⓑ 우리는 집에서 마셨어. 헨리가 우리한테 저녁 요리해줬어.

Ⓐ 너 그 저녁을 즐겼니?

Ⓑ 응, 우리 모두 그 저녁을 즐겼어. (we all)

| Unit 25 | Unit 26 |
|---|---|
| Ⓐ I always travel in summer. | Ⓐ How often do you drink? |
| Ⓑ I love to travel. / I love traveling. Where do you usually travel to? | Ⓑ I rarely drink. But I drank with my friends last Saturday. |
| Ⓐ I usually travel to South East Asia. | Ⓐ Oh, where did you go? |
| Ⓑ I really liked Vietnam. I went there three times. | Ⓑ We drank at home. Henry cooked us dinner. |
| Ⓐ I want to go to Vietnam too. I will go there this summer. | Ⓐ Did you enjoy the dinner? |
| Ⓑ You will love it there. | Ⓑ Yes, we all enjoyed the dinner. |

**Unit 27**

Ⓐ 너 운동하니?

Ⓑ 응, 하지. 나는 매일 운동해.

Ⓐ 너는 보통 몇 시에 운동하니?

Ⓑ 나는 매일 8시에 운동을 해. 너 나랑 운동하고 싶어?

Ⓐ 응. 나 주말에 좀 시간 있어. 나 뭐 가져가야 해?

Ⓑ 너는 아무것도 가져올 필요 없어.

**Unit 28**

Ⓐ 나 오늘 밤에 친구들이랑 놀고 싶어.

Ⓑ 너 걔네랑 술 마실 거야?

Ⓐ 응, 마실 거야. 그래서 나는 오늘 밤 운전 못 해.

Ⓑ 내가 너를 위해서 운전해 줄게. (for you)

Ⓐ 오, 너는 나를 위해서 운전할 필요 없어.
   나 밤에 지하철 탈 수 있어.

Ⓑ 오케이, 나 너를 집에서 기다릴게.

---

**Unit 27**

Ⓐ Do you work out?

Ⓑ Yes, I do. I work out everyday.

Ⓐ What time do you usually work out?

Ⓑ I work out at 8 everyday. Do you want to work out with me?

Ⓐ Yes, I have some time on weekends. What do I have to bring?

Ⓑ You don't have to bring anything.

**Unit 28**

Ⓐ I want to hang out with my friends tonight.

Ⓑ Will you drink with them?

Ⓐ Yes, I will. So I can't drive tonight.

Ⓑ I will drive for you.

Ⓐ Oh, you don't have to drive for me. I can take the subway at night.

Ⓑ Okay. I will wait for you at home.

## Unit 29

Ⓐ 나 오늘 밤 공부해야 해. 나 내일 시험 하나 있어.

Ⓑ 너 어디서 공부할 거야?

Ⓐ 나 카페로 갈 거야. 너 나랑 함께 올래?

Ⓑ 나는 공부할 필요는 없지만 너와 함께 갈게.

Ⓐ 내가 너에게 커피를 사줄게. 너는 지불할 필요 없어.

Ⓑ 고마워.

## Unit 30

Ⓐ 나 이 영화 보고 싶어.

Ⓑ 너 이 영화 전에 보지 않았어?

Ⓐ 응, 나 그거 지난달에 봤어.

Ⓑ 왜 너는 그거 또 보고 싶어?

Ⓐ 나 진짜 그거 좋아했고 나는 그걸 너랑 보고 싶어.

Ⓑ 오케이, 그거 오늘 밤 보자.

---

### Unit 29

Ⓐ I have to study tonight. I have a test tomorrow.

Ⓑ Where will you study?

Ⓐ I will go to a cafe. Will you come with me?

Ⓑ I don't have to study, but I will go with you.

Ⓐ I will buy you coffee. You don't have to pay.

Ⓑ Thank you.

### Unit 30

Ⓐ I want to watch this movie.

Ⓑ Didn't you watch this movie before?

Ⓐ Yes, I watched it last month.

Ⓑ Why do you want to watch it again?

Ⓐ I really liked it and I want to watch it with you.

Ⓑ Okay, let's watch it tonight.

© **Answer Key** ©

## Chapter 01 영어, 너 뭐니?

### 1 go

1. I go.
2. You go.
3. She goes.

### 2 come

1. He comes.
2. I come.
3. You come.

### 3 walk

1. We walk.
2. You walk.
3. They walk.

### 4 sleep

1. She sleeps.
2. I sleep.
3. You sleep.

### 5 go to bed

1. He goes to bed.
2. We go to bed.
3. You go to bed.

### 6 see

1. I see you.
2. She sees us.
3. They see me.

### 7 look at

1. They look at me.
2. I look at it.
3. He looks at her.

### 8 watch

1. I watch TV.
2. She watches it.
3. They watch TV.

### 9 hear

1. He hears me.
2. We hear you.
3. She hears it.

### 10 listen to

1. We listen to music.
2. She listens to me.
3. He listens to music.

## Chapter 02 동사가 뭐라고?

### 1 walk

1. I go to school.
2. I walk to school.
3. She walks to school.
4. Do you walk to work?
5. They walk to you.
6. Liam doesn't walk to work.
7. He walks everyday.

### 2 go to bed

1. I don't go to bed early.
2. Do you go to bed early?
3. She doesn't go to bed early.
4. We go to bed late.
5. Does Eva go to bed late?

### 3 say / say to

1. She says something.
2. I don't say anything.
3. Does he say anything?
4. He says to me.
5. Lucia doesn't say to me.

### 4 tell

1. Henry tells the story.
2. You don't tell the story.
3. Does he tell the story?
4. You tell me.
5. You don't tell me.

### 5 talk to

1. We don't talk to her.
2. Do you talk to her?
3. Eva doesn't talk to him.
4. He talks to me everyday.
5. Does she talk to you everyday?

### 6 see

1. I don't see you.
2. Do you see me?
3. I see something.
4. Do you see anything?
5. I don't see anything.

### 7 know

1. Maria knows you.
2. She doesn't know me.
3. Do I know you?
4. Does she know me?
5. Liam doesn't know us.

### 8 understand

1. I don't understand.
2. Do you understand me?
3. Owen doesn't understand.
4. I don't understand it.
5. Do you understand me?

### 9 go

1. I go to Paris.
2. Maria doesn't go to Paris.
3. Does he go to school?
4. They go to work.
5. We don't go to work.

### 10 drive

1. Do you drive?
2. Liam drives to work.
3. Does she drive to work?
4. Maria doesn't drive to school.
5. Does she drive?

## Chapter 03 관사가 중요해?

### 1 like

1. I like dogs.
2. Does she like coffee?
3. Owen likes this.
4. Do you like movies?
5. Eva likes people.

### 2 need

1. I need coffee.
2. He needs you.
3. Henry doesn't need salt.
4. Do you need a cup?
5. Do you need a hug?

### 3 want

1. She wants you.
2. We don't want coffee.
3. I don't want pizza.
4. Does Owen want a girlfriend?
5. I want a hug.

### 4 have

1. I have a boyfriend.
2. Does Liam have a girlfriend?
3. She doesn't have a cold.
4. I don't have the flu.
5. I have COVID.

### 5 take

1. Lucia takes a lesson.
2. Do you take an order?
3. We don't take an order.
4. I take the bus to school.
5. Does she take the subway to work?

### 6 watch

1. I watch people.
2. Maria doesn't watch TV.
3. Does he watch TV?
4. They watch football.
5. We don't watch football.

**1** rain : 비가 오다

1. It rains.
2. Does it rain?
3. It doesn't rain.

**2** snow : 눈이 오다

1. It snows.
2. Does it snow?
3. It doesn't snow.

**3** 요일 (Sunday, Monday, Tuesday, Wednesday, Thursday, Friday, Saturday)

1. It's Monday.
2. It's Wednesday.
3. It's Thursday.

**4** 날짜 (January, February, March, April, May, June, July, August, September, October, November, December)

1. It's June 2nd.
2. It's July 11th.
3. It's October 21st.
4. It's December 12th.
5. It's Christmas.

**5** 계절 (spring, summer, fall, winter)

1. It's summer in Korea.
2. Is it winter in Australia?
3. It's not summer in Canada.
4. It's fall.

**6** take : 시간이 걸리다

1. It takes long.
2. Does it take long?
3. It takes long to get there.
4. It doesn't take long to get there.

**1** want : 원하다

1. I want to go to work.
2. Does she want to drive?
3. Does Henry want a girlfriend?
4. He wants to watch a movie.
5. Do you want coffee?

**2** need : 필요하다

1. You need to drive tonight.
2. Does Henry need to know this?
3. She doesn't need this.
4. I need to talk to you.
5. We don't need to go to bed early.

**3** plan : 계획하다

1. We plan to walk today.
2. They don't plan to enjoy this.
3. Does she plan to study?
4. Eva plans to study.
5. Do they plan to start this?

**4** enjoy : 즐기다

1. He enjoys walking.
2. We enjoy coffee.
3. Eva doesn't enjoy listening to music.
4. Does she enjoy watching football?
5. I don't enjoy driving.

**5** keep : 계속하다

1. Henry keeps studying.
2. Does Henry keep studying?
3. We keep watching movies.
4. Do you keep watching movies at home?
5. I keep walking.

**6** like : 좋아하다

1. I like to eat. / I like eating.
2. She likes to drive. / She likes driving.
3. They don't like to watch movies. / They don't like watching movies.
4. He doesn't like coffee.
5. Does Eva like to walk? / Does Eva like walking?

**7** work out : 운동하다

1. You need to work out.
2. Henry doesn't like to work out. / Henry

doesn't like working out.

3. Do they like to work out? / Do they like working out?
4. I plan to work out.
5. Eva doesn't want to work out.

**8** hate : 싫어하다

1. Does he hate to drive? / Does he hate driving?
2. I don't hate to work out. / I don't hate working out.
3. Henry hates to listen to music. / Henry hates listening to music.
4. You hate to take the bus. / You hate taking the bus.
5. We don't hate to go jogging. / We don't hate going jogging.

**9** go : 가다

1. Let's go!
2. Do you want to go jogging?
3. Let's go swimming!
4. Let's not go swimming.
5. He goes shopping everyday.
6. We go shopping.
7. She doesn't go hiking
8. Does Henry go jogging?
9. I don't go shopping.
10. He goes swimming everyday.

**10** enjoy : 즐기다

1. I enjoy talking to you.
2. Does Henry enjoy watching movies?
3. She doesn't enjoy walking.
4. Do you enjoy this?
5. I enjoy listening to music.

**Chapter 06 열린 질문**

**1** buy : 사다

1. Why does she buy you lunch everyday?
2. When does Henry buy you a gift?
3. They don't buy me anything.
4. He buys me flowers everyday.

5. I don't buy pens.

**2** give : 주다

1. Why do you give me this?
2. Eva doesn't give him letters.
3. They don't give you a second chance.
4. When do you give him letters?
5. I don't give my son cash.

**3** make : 만들다

1. When do you make breakfast?
2. Why does she make you breakfast?
3. What makes you smile?
4. I don't make him cookies.
5. How do you make pasta?

**4** write : 쓰다

1. Henry writes Eva letters everyday.
2. I don't write my boss e-mails.
3. Why does she write you letters?
4. When do you write posts?
5. Who writes you letters?

**5** bring : 가져오다

1. Let's bring some snacks.
2. I bring students cookies.
3. Eva doesn't bring friends gifts.
4. How do you bring lunch to work?
5. They bring me food.

**6** work out : 운동하다

1. Where do you work out?
2. How does she enjoy working out?
3. Henry keeps working out.
4. He doesn't work out.
5. Who works out now?

**7** want : 원하다

1. I want to make you dinner.
2. When do you want to watch a movie?
3. Henry doesn't want to keep cooking.
4. Why does she want to give you food?
5. They want to buy you lunch.

**8  have : ⓐ 가지다 ⓑ 먹다**

1. Do you have a pen?
2. What does she have in her bag?
3. Do you have time?
4. Does Henry want to have dinner with him?
5. Eva wants to have breakfast now.

**9  take : ⓐ 가져가다 ⓑ 대중교통을 타다 ⓒ 목욕을 하다**

1. Do you take the bus to work?
2. He takes a shower.
3. She takes a bath everyday.
4. Let's talk a walk.
5. Let's take a seat.

**10  cook : 요리하다**

1. He needs to cook dinner now.
2. Who cooks breakfast?
3. You don't enjoy cooking.
4. We plan to cook.
5. How do they keep cooking?

**Spiral Review 1 반복 복습**

1. She walks to school
2. How do you walk to work?
3. She says something.
4. What does she say?
5. I don't say anything.
6. Henry doesn't talk to me.
7. You don't tell the story.
8. Why does Eva talk to her?
9. She doesn't know me.
10. Henry doesn't know me.
11. Does he go to bed early?
12. Why does Eva go to bed late?
13. When do they go to work?
14. She drives everyday.
15. Eva drives to work.
16. She doesn't need to drive.
17. Eva needs to know him.
18. Do you need this?
19. Why do I have to work out?
20. It's May 22nd.
21. It's August 27th.
22. It's my birthday.
23. I like dogs.
24. Does she like coffee?
25. Do you like movies?
26. Do you like watching movies? / Do you like to watch movies?
27. I need coffee.
28. We don't need him.
29. Does Henry want a girlfriend?
30. When do you want to make me dinner?
31. Where do you want to watch a movie?
32. Why does she want to write you a letter?
33. Does it rain?
34. It doesn't rain.
35. It's Tuesday.
36. It's Saturday.
37. I want a hug.
38. I don't like my job.
39. He enjoys taking a walk.
40. I don't enjoy coffee.
41. Do you enjoy driving?
42. I have a boyfriend.
43. Do you have a cold?
44. She has COVID.
45. It's spring in Korea.
46. Is it summer in Australia?
47. It's not summer in Australia
48. Let's take a seat.
49. We don't take an order.
50. When do you take an order?
51. Do you see me?
52. I don't see you.
53. I see something!
54. Do you see anything?
55. I don't see anything.
56. I don't watch TV.
57. Does she watch TV?
58. Henry likes to watch football. / Henry likes watching football.
59. I want to go to bed.
60. We want to go home.
61. When do you want to go home?
62. Why does Henry need to know this?
63. When do you need to talk to me?
64. You don't need to go to bed early tonight.

65. We plan to walk tonight.
66. How does she keep studying?
67. Why does Henry keep sleeping?
68. I like to drive. / I like driving.
69. When does she like to work out? / When does she like working out?
70. He hates to work out. / He hates working out.
71. I hate to go jogging. / I hate going jogging.
72. You don't want to work out.
73. Why does she want to drive?
74. Where does he want to watch a movie?
75. We enjoy talking to you.
76. She enjoys taking a walk.
77. Why does she buy you lunch everyday?
78. I don't buy coffee.
79. They don't give you a second chance.
80. When do you make breakfast?
81. How does Eva make pasta?
82. He doesn't make her breakfast.
83. What makes you smile?
84. Who makes you breakfast?
85. Henry writes Eva letters every week.
86. They bring me food.
87. How do you bring lunch to work?
88. Where do you work out?
89. Who works out now?
90. When does Henry want to have dinner?
91. I don't understand.
92. How do you understand him?
93. Do you understand me?
94. It takes long.
95. Does it take long?
96. It takes long to get there.
97. It doesn't take long to get there.
98. What do you want?
99. I don't want anything.
100. She wants a new phone.

### Chapter 07 부정의문문

**1  like : 좋아하다**

1. Don't you like coffee?
2. No, I don't.
3. Yes, I do.
4. Why don't you like coffee?
5. She likes coffee.

**2  need : 필요하다**

1. Doesn't she need to sleep?
2. No, she doesn't.
3. Don't you need this?
4. No, I don't.
5. Why don't you need this?

**3  want : 원하다**

1. Don't you want my number?
2. No, I don't.
3. Why don't you want my number?
4. I don't want a boyfriend.
5. Why doesn't she want a boyfriend?

**4  hang out : 놀다**

1. Doesn't she hang out with him?
2. Yes, she does.
3. When does she hang out with him?
4. She hangs out with him after work.
5. You don't hang out with him.

**5  clean : 청소하다 (물 X)**

1. Don't you clean your room?
2. Yes, I do.
3. When do you clean your room?
4. I clean my room everyday.
5. He doesn't clean his room everyday.

**6  wash : 씻다 (물 O)**

1. Why don't you wash your hands?
2. Yes, I do.
3. Henry doesn't wash his hands.
4. Doesn't Henry wash his hands?
5. He washes his hands.

**7  drink : ⓐ 마시다 ⓑ 술을 마시다**

1. Does Eva drink?
2. No, she doesn't.
3. Doesn't Eva drink?
4. Eva drinks coffee.

5. Don't you drink coffee?

### 8 eat : 먹다

1. Why don't you eat bananas?
2. I hate bananas.
3. Why don't you like bananas?
4. When does she eat bananas?
5. She doesn't eat bananas.

### 9 have : 식사를 가지다

1. When do you have breakfast?
2. I don't have breakfast.
3. Why don't you have breakfast?
4. I hate having breakfast. / I hate to have breakfast.
5. Let's have dinner.

### 10 enjoy : 즐기다

1. Don't you enjoy reading books?
2. Yes, I do.
3. No, I don't.
4. Why don't you enjoy working out?
5. I don't enjoy working out.

## Chapter 08 얼마나 자주?

### 1 always : 항상

1. She always takes a walk.
2. Why does Henry always buy lunch?
3. We don't always go there.
4. I always wash my hands.
5. They always bring lunch to work.

### 2 usually : 보통

1. I don't usually hang out with her.
2. Does he usually make you breakfast?
3. I usually talk to my friends.
4. Does Eva usually drive to work?
5. Where do you usually listen to music?

### 3 often : 자주

1. I often enjoy movies.
2. Eva often works out.

3. Does he often talk to you?
4. Do you often bring lunch to work?
5. They often drink.

### 4 sometimes : 가끔

1. She sometimes cooks breakfast.
2. Henry sometimes hangs out with his friends.
3. I sometimes go there.
4. I sometimes take a walk.
5. They sometimes come here.

### 5 every : 매~

1. Henry washes his car every month.
2. We watch movies every week.
3. They talk every weekend.
4. Don't they go to church every Sunday?
5. I drive to Busan every year.

### 6 once : 한 번

1. I take a bath once a week.
2. Henry buys groceries once a month.
3. Does she write a book once a year?
4. They go to bed late once a week.
5. Do you drive once a year?

### 7 twice : 두 번

1. She works out twice a week.
2. Eva drinks twice a month.
3. We plan twice a year.
4. I take a shower twice a day.
5. Do they make bread twice a day?

### 8 three times : 세 번

1. Henry washes his car three times a year.
2. How do you cook three times a week?
3. Eva talks to her parents three times a month.
4. I brush my teeth three times a day.
5. Do you brush your teeth three times a day?

### 9 rarely : 거의 ~ 않다
= seldom

1. Henry rarely drives.

2. I rarely wake up early.
3. She rarely talks to me.
4. We rarely listen to music.
5. They rarely watch TV.

**10** never : 절대 ~ 않다

1. I never drink.
2. She never goes to bed late.
3. You never buy me lunch.
4. Henry never listens to me.
5. We never eat breakfast.

## Chapter 09 얼마나~, 어떤 ~? 의문사 활용

**1** eat out : 외식하다

1. How often do you eat out?
2. Where do you eat out?
3. Who do you usually eat out with?
4. When do you want to eat out?
5. Why do you eat out everyday?

**2** travel to : ~로 (긴) 여행을 가다

1. What country do you want to travel to?
2. How long do you want to travel?
3. When do you usually travel?
4. How often do you travel to Canada?
5. Who do you usually travel with?

**3** go on a trip : (짧은) 여행을 가다

1. How often do you go on a trip?
2. Who do you usually go on a trip with?
3. How long does he usually go on a trip?
4. How far do you go on a trip?
5. Why do you go on a trip every month?

**4** take : 시간이 걸리다

1. How long does it take?
2. It doesn't take long.
3. How long does it usually take?
4. How long does it take to get there?
5. It takes long.

**5** wait for : ~를 기다리다

1. What do you wait for?
2. How long do you usually wait?
3. I don't usually wait for her.
4. Why don't you wait for her?
5. Who do you wait for?

**6** brush 소유격 teeth : 양치를 하다

1. How long do you brush your teeth?
2. How often do you brush your teeth?
3. How does she brush her teeth?
4. Why don't you brush your teeth?

**7** play : (아이나 동물과) 놀다, 게임을 하다

1. How often does he play with the children?
2. What kind of game does Eva play?
3. Who do you play with?
4. Who plays with your dog?
5. She always plays with my dog.

**8** hang out : (친구들과) 놀다

1. How often do you hang out with your friends?
2. Where does he hang out with his friends?
3. Why does Eva hang out with him?
4. Who do you hang out with?

## Chapter 10 명령문

1. Wait for me.
2. Clean your room.
3. Wash your hands.
4. Don't wait for me.
5. It's late. Go to bed.
6. Don't bring gifts.
7. Don't cook.
8. Talk to her.
9. Don't go on a trip with them.
10. Keep working!
11. Don't tell the secret.
12. Look at this!
13. Don't look at me.
14. Don't run here.
15. Make me dinner.
16. Don't sleep here.

17. Work out everyday.
18. Write me an email now.
19. Don't buy him lunch.
20. Don't hang out with them.

## Chapter 11 일반동사 과거 - 규칙 (-ed)

**1  walk - walked** : 걷다 - 걸었다

1. We walked.
2. You walked.
3. He walked.
4. Who walked here?

**2  look at - looked at** : 바라보다 - 바라봤다

1. They looked at me.
2. I looked at it.
3. He looked at her.

**3  watch - watched** : 보다 - 봤다 (의지 O / 컨텐츠 O)

1. I watched TV.
2. She watched it.
3. They watched TV.
4. Who watched TV?

**4  listen to - listened** : ~을 듣다 - ~을 들었다(의지 O / 콘텐츠 O)

1. We listened to music.
2. She listened to me.
3. He listened to music.

**5  talk to - talked to** : ~와 이야기하다, 대화하다 - ~와 이야기했다. 대화했다.

1. He talked to me everyday.
2. They talked to you.

**6  like - liked** : 좋아하다 - 좋아했다.

1. I liked dogs.
2. She liked coffee.
3. Owen liked it.
4. They liked movies.
5. Eva liked people.

**7  need - needed** : 필요하다 - 필요했다

1. I needed coffee.
2. He needed you.
3. Henry needed salt.
4. I needed a cup.
5. She needed a hug.
6. Who needed a hug?

**8  want - wanted** : 원하다 - 원했다

1. She wanted you.
2. We wanted coffee.
3. Owen wanted a girlfriend.
4. I wanted a hug.
5. Who wanted coffee?

**9  rain - rained** : 비가 오다 - 비가 왔다

1. It rained.

**10  snow - snowed** : 눈이 오다 - 눈이 왔다.

1. It snowed.

**11  plan - planned** : 계획하다 - 계획했다

1. We planned to walk today.
2. They planned to enjoy this.
3. She planned to study.
4. They planned to start this.
5. Who planned this?

**12  work out - worked out** : 운동하다 - 운동했다

1. He worked out.
2. Henry liked to work out. / Henry liked working out.
3. I planned to work out.
4. Eva worked out.

**13  hate - hated** : 싫어하다 - 싫어했다

1. He hated driving. / He hated to drive.
2. I hated working out. / I hated to work out.
3. Henry hated listening to music. / Henry hated to listen to music.
4. We hated taking the bus. / We hated to take the bus.

5. We hated going jogging. / We hated to go jogging.

**14** enjoy - enjoyed : 즐기다 - 즐겼다

1. I enjoyed talking to you.
2. She enjoyed walking.
3. You enjoyed this.
4. I enjoyed going shopping with you.

**15** cook - cooked : 요리하다 - 요리했다

1. I cooked dinner.
2. Eva cooked lunch.
3. He wanted to cook.
4. Who cooked?

**16** clean - cleaned : 청소하다 - 청소했다 (물 X)

1. I cleaned my room yesterday.
2. Henry cleaned.
3. Who cleaned my room?

**17** wash - washed : 씻다 - 씻었다 (물 O)

1. I washed my hands.
2. They washed their hands.

**18** brush 소유격 teeth - brushed : 양치를 하다 - 양치를 했다

1. She brushed her teeth.
2. Who brushed their teeth?
3. I brushed my teeth.
4. We brushed our teeth.

**19** travel to - traveled to : ~로 (긴) 여행을 가다 - ~로 여행을 갔다

1. He traveled to Canada.
2. They traveled to Canada with their parents.

**20** wait for - waited for : ~를 기다리다 - 기다렸다

1. I waited for you yesterday.
2. Eva waited for you.
3. Who waited for you yesterday?

**21** play - played : (아이나 동물과) 놀다, 게임을 하다 - 놀았다

1. I always played with children.
2. Who played with my dog?

**Chapter 12 일반동사 과거 - 불규칙**

**1** go - went : 가다 - 갔다 (둘 다 그곳에 없을 때)

1. I went there.
2. They went to work.
3. She went to school.
4. We went shopping.
5. Henry went jogging.

**2** come - came : 오다 - 왔다 (둘 중의 하나가 그곳에 있을 때)

1. They came.
2. I came.
3. She came.

**3** sleep - slept : 자다 - 잤다

1. She slept.
2. I slept.

**4** go to bed - went to bed : 자러 가다 - 자러 갔다.

1. He went to bed.
2. They went to bed.
3. I went to bed early.

**5** see - saw : (그냥) 보다 / 눈이 있어서 보다 - 봤다

1. I saw you yesterday.
2. She saw us.
3. They saw me.
4. I saw you on the street yesterday.

**6** hear - heard : (그냥) 듣다 / 귀가 있어서 들린다 - 들었다

1. He heard me.
2. We heard you.
3. She heard it.

**7** say / say to - said : ~을 이야기하다 / ~에게 이야기하다 - 이야기했다 (정보전달)

1. She said something.

2. He said to me.
3. Who said that?

**8 tell – told** : ~을 이야기하다 – ~를 이야기했다 (정보 전달)

1. Henry told the story.
2. I told you.
3. Who told you that?

**9 know – knew** : 알다 – 알았다

1. I knew it!
2. She knew the story.

**10 understand – understood** : 이해하다 – 이해했다

1. I understood you.
2. He understood them.
3. We understood the rule.

**11 drive – drove** : 운전하다 – 운전했다

1. I drove yesterday.
2. Liam drove to work.
3. She drove to school.
4. Who drove my car yesterday?

**12 have – had** : 가지고 있다 – 가지고 있었다

1. I had a boyfriend last year.
2. Liam had a girlfriend last month.
3. She had a cold last week.
4. Who had COVID last week?
5. Eva had breakfast.

**13 take – took** : ⓐ 가져가다 ⓑ 대중교통을 타다 ⓒ 목욕을 하다 ⓓ 시간이 걸리다 / ⓐ 가져갔다 ⓑ 대중교통을 탔다 ⓒ 목욕을 했다 / ⓓ 시간이 걸렸다

1. Lucia took a lesson.
2. I took the bus to work.
3. He took a shower yesterday.
4. They took a walk in the park.
5. It took long.

**14 keep – kept** : 계속하다 – 계속했다

1. Henry kept studying.
2. We kept watching movies yesterday.

3. I kept walking.

**15 buy – bought** : 사다 – 샀다

1. She bought you lunch everyday.
2. Henry bought a birthday gift yesterday.
3. Who bought you dinner?

**16 give – gave** : 주다 – 줬다

1. I gave you this.
2. Eva gave him a letter.
3. They gave you a second chance.
4. Who gave you this?

**17 make – made** : 만들다 – 만들었다

1. I made breakfast.
2. What made you smile?
3. I made him cookies.

**18 write – wrote** : 쓰다 – 썼다

1. Henry wrote Eva letters everyday.
2. I wrote my boss emails yesterday.
3. Who wrote this?

**19 bring – brought** : 가져오다 – 가져왔다

1. I always brought students cookies.
2. They brought lunch to work.
3. They brought me food.

**20 hang out – hung out** : 놀다 – 놀았다

1. We hung out with them.
2. I hung out with her.
3. Henry hung out with me last night.

**21 drink – drank** : ⓐ 마시다 ⓑ 술을 마시다 – ⓐ 마셨다 ⓑ 술을 마셨다.

1. I drank a lot yesterday.
2. I drank coffee already.

**22 eat – ate** : 먹다 – 먹었다

1. Who ate my cake?
2. I ate it.
3. She ate it.

**23** eat out – ate out : 외식하다 – 외식했다

1. She ate out yesterday.
2. We ate out yesterday.

**24** go on a trip – went on a trip : (짧은) 여행을 가다

1. Who went on a trip this week?
2. We went on a trip last week.
3. They went on a trip yesterday.

### Chapter 13 일반동사 과거 – 의문문 / 부정문

**1** ago : (특정 시간) 전에

1. I had dinner an hour ago.
2. I started cooking 3 hours ago. / I started to cook 3 hours ago.
3. She bought a car two weeks ago.
4. It snowed 30 minutes ago.
5. Did it rain 10 minutes ago?

**2** before : (그냥 지금) 이전에

1. We watched this movie before.
2. I saw Eva before.
3. I told you before!
4. She heard it before.
5. Did you go there before the movie?
6. She went to the park before lunch.

**3** yesterday : 어제

1. What did you have for dinner yesterday?
2. I had fruit for dinner yesterday.
3. She didn't eat anything yesterday.
4. Did Henry come home early yesterday?
5. Did they buy fruit yesterday?
6. Who did you walk with yesterday?

**4** the day before yesterday : 엊그제

1. I watched a movie the day before yesterday.
2. Where did you watch a movie the day before yesterday?
3. Why didn't Eva come home the day before yesterday?
4. Where did Henry go the day before yesterday?
5. Where did they go jogging the day before yesterday?
6. We ate out the day before yesterday.

**5** last : 지난

1. Why did you go there last year?
2. Where did Eva go jogging last night?
3. Who cleaned my room last night?
4. Why didn't you come to the party last month?
5. Where did Henry go on a trip last week?
6. I went shopping last weekend.

### Spiral Review 2 반복 복습

1. They go to bed early every night.
2. Why do you enjoy talking with Henry?
3. Eva sometimes eats out with her friends.
4. Did you know this?
5. Did you go there before the movie?
6. I never smoke.
7. Who saw you?
8. We brush our teeth every morning.
9. I saw Eva before.
10. He enjoyed working out last year.
11. What do you want?
12. I don't understand.
13. Didn't Henry work out last night?
14. No, he didn't.
15. Who do you usually have lunch with?
16. I started cooking three hours ago.
17. I wrote a letter last night.
18. They clean every Saturday.
19. We ate out last week.
20. She gave me a gift.
21. Why does she hate him?
22. I saw a movie with friends yesterday.
23. They travel every year.
24. What color do you hate?
25. We eat out every Sunday.
26. Why do you want to watch the movie again?
27. She heard it before.

28. Didn't she drink yesterday?
29. Yes, she did.
30. I want to buy this book.
31. Didn't you drive yesterday?
32. No, I didn't.
33. Henry cooks dinner everyday.
34. It snowed yesterday.
35. When did you take a shower?
36. She went to the park before lunch.
37. Who works out everyday?
38. Who brought this book?
39. She kept working.
40. Who did you wait for?
41. Where did it snow?
42. Eva drove to work yesterday.
43. Who did she eat out with?
44. Did she eat out with Henry?
45. She didn't eat out with Henry.
46. I had dinner an hour ago.
47. We watched this movie before.
48. They sometimes hang out together.
49. She bought a car two weeks ago.
50. Why didn't she eat out with her family?
51. Yes, she did.
52. Eva works out twice a week
53. We washed our hands 5 minutes ago.
54. I drank coffee.
55. I told you before!
56. Who did you hang out with yesterday?
57. We bought new books last year.
58. He rarely works out.
59. Why didn't Eva keep working?
60. I rarely work out.
61. We enjoyed watching movies.
62. When did you brush your teeth?
63. I brushed my teeth an hour ago.
64. They never eat out.
65. He always waits for me.
66. Didn't she tell you last week?
67. No, she didn't.
68. Who bought this?
69. We sometimes take a walk at night.
70. Who did Henry work out with the day before yesterday?
71. Eva drank with her friends last night.

72. Who did she watch a movie with yesterday?
73. We watched a movie last night.
74. Didn't you go to school the day before yesterday?
75. Eva drove yesterday.
76. I bought a new phone last month.
77. They brushed their teeth.
78. Henry went to bed early last night.
79. Where did she drink coffee?
80. We heard you.
81. He had a girlfriend last year.
82. Who drove my car?
83. Henry wakes up early every morning.
84. What did you have for dinner yesterday?
85. We sometimes go on a trip with our family.
86. Where do you want to go?
87. When do they start working out?
88. I told him the secret.
89. Where did they eat out yesterday?
90. We go jogging everyday.
91. Who do you want to hang out with?
92. I want to hang out with my friends.
93. Didn't you hang out with your friends last weekend?
94. No, I didn't.
95. I hated my job.
96. How do you clean this?
97. They hung out with their friends last weekend.
98. Who do you want to watch a movie with?
99. They understood it.
100. What kind of coffee did he drink?

### Chapter 14 영어 전치사 =:= 한국어 조사?

**1** study - studied : 공부하다 (특정 주제를 깊이 이해하다) - 공부했다

1. Let's start studying at 8. / Let's start to study at 8.
2. Why does she always study at 7 everyday?
3. They study together every Thursday.
4. I studied hard last night.

5. We studied last Sunday.
6. How do you study on Saturday?

## 2 learn – learned : 배우다 (새로운 것을 습득하다) – 배웠다

1. I learn new recipes every summer.
2. Eva learns art on Wednesday.
3. Did they learn art last fall?
4. I learned this on my birthday.
5. I learn English at 8 everyday.
6. Who learns this in winter?

## 3 meet – met : 만나다 – 만났다

1. We always meet on Christmas.
2. He meets her on Friday.
3. Don't you always meet your friends on weekends?
4. Henry meets her at 9 everyday.
5. How does she meet her friends every weekend?
6. I meet her every summer.

## 4 call – called : 전화하다 – 전화했다

1. She calls her friends on her birthday.
2. He calls his parents at 6.
3. Eva called her friends on the weekend.
4. I called you yesterday.
5. Why did you call me on Friday?
6. Why didn't she call at 7?

## 5 in the morning : 아침에

1. Henry always goes jogging in the morning.
2. We cook breakfast in the morning.
3. She sometimes eats out in the morning.
4. Do you always drink coffee in the morning?
5. I hate going to school early in the morning. / I hate to go to school early in the morning.
6. Who wants to meet me in the morning?

## 6 in the afternoon : 점심에

1. How did you sleep in the afternoon?
2. I bought it in the afternoon.
3. We usually take a walk in the afternoon.

4. Does she always listen to music in the afternoon?
5. Henry sometimes works out in the afternoon.
6. Why didn't you take a walk with us in the afternoon?

## 7 at night : 밤에

1. Where did you eat out at night?
2. Eva hung out with her friends at night.
3. How doesn't she like driving at night? / How doesn't she like to drive at night?
4. They went to bed at night.
5. We like working out at night. / We like to work out at night.
6. I always eat something late at night.

## Chapter 15 [미래] will : ~할 예정이다

## 1 the day after tomorrow : 내일모레

1. We will eat out the day after tomorrow.
2. Will you hang out with us the day after tomorrow?
3. Henry will take a bath the day after tomorrow.
4. I will not bring lunch the day after tomorrow.
5. Won't you go to the party with me the day after tomorrow?

## 2 next : 다음

1. We will buy a new house next month.
2. Will you work out with me next year?
3. I won't wait for you next time.
4. Will we hang out next week?
5. Will you see my parents next month?

## 3 later : 나중에

1. I will study later.
2. She will take a walk later.
3. I will talk to you later!
4. Will he write me a letter later?
5. You will need this later.

**4** meet : 만나다

1. I will meet her tomorrow.
2. When will you meet Eva?
3. We will meet our friends at 3 tomorrow.
4. Where will you meet?
5. Won't they meet at 3 tomorrow?

**5** call : 전화하다

1. She will call you at 9 tomorrow.
2. Henry will call in the afternoon.
3. Will you call me early in the morning tomorrow?
4. What time will you call me?
5. When will we call Eva?

**6** go on a trip : (짧은) 여행을 가다

1. When will you go on a trip?
2. We will go on a trip next year.
3. We won't go on a trip.
4. Won't they go on a trip?
5. Where will Eva go on a trip to?

**7** buy : 사다

1. I will buy you lunch.
2. How will you buy this?
3. They won't buy you lunch today.
4. Who will buy this?
5. When will we buy a car?

**8** eat out : 외식하다

1. We will eat out the day after tomorrow.
2. They won't eat out tonight.
3. Won't they eat out tonight?
4. Where will you eat out tomorrow?
5. When will Eva eat out with her friends?

## Chapter 16 [가능] can : ~할 수 있다

**1** finish : 끝내다

1. When can you finish this?
2. I can't finish my homework tomorrow.
3. She can finish this now.
4. How can Henry finish this alone?

5. Can't you finish this now?

**2** park : 주차하다

1. Can I park here?
2. You can't park here.
3. Where can I park?
4. You can park over there.
5. Can't I park here?

**3** smoke : 담배 피다

1. Can I smoke here?
2. You can't smoke here.
3. Where can I smoke?
4. You can smoke over there.
5. When can I smoke?

**4** use : 사용하다

1. Can I use this?
2. You can use this.
3. You can't use this now.
4. When can I use this?
5. You can use this the day after tomorrow.

**5** have : 가지다

1. Can I have this?
2. You can't have my computer.
3. Can't I have this?
4. No, you can't.
5. Yes, you can.

**6** go : 가다

1. Can I go there?
2. When can I go there?
3. How can I go there?
4. I can't go there.
5. Can't you go there with me?

**7** drive : 운전하다

1. Can you drive?
2. How can you drive?
3. Can't you drive?
4. When can I drive?
5. How long can you drive?

## Chapter 17 [개인 의무] have to : ~해야 한다

**1 work : 일하다**

1. I have to work tomorrow.
2. Do you have to work tomorrow?
3. Henry doesn't have to work tomorrow.
4. Does Henry have to work tomorrow?
5. When do you have to work?
6. Who has to work tomorrow?

**2 try : 시도하다**

1. You have to try this.
2. Why do I have to try this?
3. Eva has to try this. She will like this.
4. We don't have to try this.
5. How many times do we have to try?

**3 read : 읽다**

1. We don't have to read this.
2. Why do we have to read this?
3. He has to read your letter.
4. I have to read this tomorrow.
5. Henry doesn't have to read this.

**4 pay : 지불하다**

1. When do I have to pay?
2. You don't have to pay.
3. Who has to pay?
4. Eva has to pay.
5. Henry doesn't have to pay.

**5 come : 오다**

1. You don't have to come.
2. Don't I have to come?
3. Why don't I have to come?
4. Eva has to come.
5. Who has to come?

**6 wash : 씻다**

1. You have to wash your hands before dinner.
2. She doesn't have to wash her hands.
3. Do I have to wash my hands?
4. Eva has to wash her hands.
5. How often do I have to wash my hands?

**7 play : (아이나 동물과) 놀다**

1. Do I have to play with the children?
2. When do I have to play with the children?
3. How long do I have to play with the children?
4. He has to play with the children everyday.
5. You don't have to play with the children.

**8 help : 도와주다**

1. I have to help my parents.
2. When do you have to help your parents?
3. Why does Eva have to help you?
4. Henry doesn't have to help me.
5. How long do I have to help you?

## Spiral Review 3 반복 복습

1. It will rain tomorrow.
2. When will you brush your teeth?
3. We will go hiking tomorrow.
4. I won't buy anything.
5. I will take a walk.
6. They can hang out with their friends on the weekend.
7. He has to know this.
8. Does he have to know this?
9. He doesn't have to know this.
10. Can we meet him tomorrow?
11. You can't drink too much.
12. They won't eat out.
13. They will cook at home.
14. Can we go on a trip tomorrow?
15. Where can I park?
16. Who will pay?
17. He has to study every day.
18. You have to brush your teeth every day.
19. Eva doesn't have to wait for Henry.
20. How long do I have to wait for you?
21. Can you come at night?
22. When can you come?
23. When can I meet you?
24. What do I have to bring tomorrow?
25. Eva will drink coffee with Henry tomorrow.

26. Why can't I buy this?
27. How can she learn so fast?
28. She will like cats.
29. He has to buy a new phone.
30. I can hear you.
31. Can you hear me?
32. I have to work out twice a week.
33. How often does she have to work out?
34. He doesn't have to work out.
35. How can you keep studying?
36. We have to drink water in the morning.
37. Who can help me?
38. When can you help me?
39. When can we hang out?
40. We can't hang out tonight.
41. Can we hang out this weekend?
42. Who can come?
43. I can see you.
44. Can you see me?
45. When will you study?
46. Do I have to study?
47. You have to study.
48. You have a test tomorrow.
49. She will call you at 9 tomorrow.
50. Henry will call you in the afternoon.
51. What time will you call me?
52. When will we call Eva?
53. Eva has to go to work early tomorrow.
54. We have to go on a trip this summer.
55. Can you call me later?
56. Can you eat out tonight?
57. I will pay tonight.
58. He can't drive today.
59. I will work early in the morning tomorrow.
60. Who will listen to me?
61. Who will understand me?
62. I will wash my hands later.
63. When will he understand me?
64. I will drive tonight.
65. You don't have to drive tonight.
66. Can you drive?
67. Can't you drive?
68. Can you keep driving?
69. You will hate this.
70. When will we have dinner?
71. Can I smoke here?
72. You can't smoke here.
73. Where can I smoke?
74. You can't smoke now.
75. You can smoke over there.
76. How long does it take?
77. It won't take long.
78. It will take long.
79. Henry has to wait for me.
80. Why does Henry have to wait for you?
81. He doesn't have to wait for me.
82. I can go alone.
83. When will you sleep?
84. I will sleep now.
85. Will you sleep now?
86. Why will you sleep now?
87. I have to help Henry.
88. When do you have to help him?
89. Why does Eva have to help you?
90. Henry doesn't have to help me.
91. How long do I have to help you?
92. Who can tell me the story?
93. She can tell you the story.
94. Can I park here?
95. You can't park here.
96. Where can I park?
97. You can park over there.
98. Can't I park here?
99. I will talk to you later!
100. You will need this later.